Turismo e Meios de Hospedagem

Casas de Temporada

Turismo e Meios de Hospedagem

CASAS DE TEMPORADA

OLGA TULIK

Professora-doutora da Escola de Comunicações e Artes da
Universidade de São Paulo (ECA-USP) e do Centro Universitário
Ibero-americano (UNIBERO)

ROCA

Copyright © 2001 da 1ª Edição pela Editora Roca Ltda.
ISBN: 85-7241-334-0

Nenhuma parte desta publicação poderá ser reproduzida, guardada pelo sistema "retrieval" ou transmitida de qualquer modo ou por qualquer outro meio, seja este eletrônico, mecânico, de fotocópia, de gravação, ou outros, sem prévia autorização escrita da Editora.

Dados Internacionais de Catalogação na Publicação (CIP)
(Câmara Brasileira do Livro, SP, Brasil)

Tulik, Olga
   Turismo e meios de hospedagem : casas de temporada / Olga Tulik. --
São Paulo : Roca, 2001

Bibliografia.
ISBN 85-7241-334-0

1. Turismo 2. Casas de veraneio I. Título

01–1223   CDD–647.94

Índices para catálogo sistemático:

  1. Casas de veraneio : Turismo   647.94
  2. Residências secundárias : Turismo   647.94

2001

Todos os direitos para a língua portuguesa são reservados pela

EDITORA ROCA LTDA.
Rua Dr. Cesário Mota Jr., 73
CEP 01221-020 – São Paulo – SP
Tel.: (011) 221-8609 – FAX: (011) 220-8653
e-mail: edroca@uol.com.br – www.editoraroca.com.br

Impresso no Brasil
Printed in Brazil

Ao mestre, orientador e amigo Professor Doutor Antonio Rocha Penteado, incentivador constante em todos os momentos de minha vida acadêmica, que, provavelmente, continua me orientando de onde estiver – *AUSÊNCIA PRESENTE NOS DIFÍCEIS MOMENTOS FINAIS DESTA PESQUISA.*

INTRODUÇÃO

Casa de temporada, de praia, de campo, chalé, cabana, rancho, sítio ou chácara de lazer são alguns dos termos comumente aplicados às propriedades particulares utilizadas temporariamente, nos períodos de tempo livre, por pessoas que têm sua residência permanente em outro lugar. A profusão de vocábulos populares para denominar esse meio de hospedagem extra-hoteleiro resulta das várias características e finalidades de uso de tais imóveis. Nesta obra optou-se pelos termos "residência secundária" ou "segunda residência" por serem de uso corrente nos trabalhos de especialistas em turismo.

Fenômeno antigo e universal, a residência secundária afirma-se, atualmente, como uma das mais difundidas entre as diversas modalidades de alojamento turístico.

O estudo das residências secundárias, entretanto, esbarra no problema da obtenção de dados. Nos Estados Unidos e em alguns países europeus, as residências secundárias incluem-se nas estatísticas oficiais, a partir da década de 1950, entre os domicílios fechados, o que ocorreu também no Brasil, em 1970. Desse fato decorrem as dificuldades dos pesquisadores, pois é evidente que residências secundárias não podem ser confundidas com domicílios fechados.

No Brasil, essa questão se resolveu a partir dos censos demográficos realizados, respectivamente, em 1980 e 1991, quando surge uma categoria separada das demais constituída pelos domicílios de uso ocasional. A relação destes com as residências secundárias fica explícita na definição operacional, como será visto no decorrer deste estudo.

A motivação para realizar esta pesquisa decorreu da possibilidade de apoio em instrumento de verificação oferecido pelos dados dos censos e pela falta de estudos específicos sobre um fenômeno que faz parte da atual realidade brasileira.

Vários motivos justificam a escolha do Estado de São Paulo. Inicialmente, o fato de esse Estado reunir uma série de condições, como a presença de pólos emissores expressivos e de atrativos nas áreas periféricas aos centros urbanos, que, no mundo inteiro, vêm servindo para justificar a presença desse fenômeno. Além disso, porque o território paulista concentra os mais expressivos valores absolutos de residências secundárias (459.597 unidades), sendo significativa, também, sua participação percentual no total brasileiro (27,32%) e na região Sudeste (52,28%). Todavia, embora seja notável a expressividade desse fenômeno no Estado de São Paulo, que, sozinho, detém mais que o dobro de unidades do Rio de Janeiro – o segundo mais significativo em valores absolutos (214.215) – algumas questões permanecem obscuras. Assim, nesta pesquisa, pretende-se avaliar a dimensão e a distribuição desse fenômeno no Estado de São Paulo, identificar os prováveis emissores mais expressivos, as áreas de concentração de residências secundárias e, finalmente, procurar explicações para melhor compreender essa forma de alojamento turístico que, cada vez mais, vem se impondo no território paulista, assim como aconteceu, nas três últimas décadas, em alguns países da Europa e da América do Norte.

Em resumo, este estudo tem como objetivo maior avaliar a presença, a dimensão e a expressividade das residências secundárias, procurando chegar à compreensão do problema a partir do conhecimento das características observadas em outros países. Tendo como ponto de partida a realidade contida nos censos demográficos, sobretudo os de 1980 e 1991, e os conceitos teóricos próprios ou desenvolvidos por vários autores, esta pesquisa representa uma tentativa de encontrar a ordem na distribuição das residências secundárias e, ao mesmo tempo, constitui ponto de partida para captar os fundamentos desse fenômeno no território paulista.

O primeiro passo para a análise da distribuição de residências secundárias consistiu na elaboração de listagens com os dados contidos na Sinopse Preliminar do censo demográfico de 1980 e, também, de 1991. Justifica-se a utilização da Sinopse Preliminar por ser o único recurso possível, já que o Instituto Brasileiro de Geografia e Estatística (IBGE) não divulga, em sua edição definitiva, dados referentes aos domicílios vagos, fechados e de uso ocasional, este último aqui entendido como residência secundária.

A listagem mencionada incluiu todos os 572 municípios do Estado, arrolados em ordem alfabética, e nela constava o total de domicílios ocupados e domicílios de uso ocasional. Em outra listagem, apareciam dados referentes à situação urbana e rural das residências secundárias em 1980 e 1991. Embora esse procedimento tenha permitido a localização imediata dos municípios, não facilitou a compreensão da grandeza do fenômeno. Além disso, a utilização exclusiva de valores absolutos tem-se revelado insuficiente e inadequada para avaliar a expressividade do fato em determinadas situações, como é o caso dessa análise por municípios. Assim, optou-se pelo cálculo da porcentagem de residências secundárias em relação ao total de domicílios ocupados, conforme metodologia utilizada por Michaud (1985:102). Essa participação, expressa em porcentagem, aqui denominada Índice de Participação Porcentual de Residências Secundárias em Relação ao Total de Domicílios, foi acrescentada à já citada listagem em ordem alfabética. Para entender a ordem de grandeza do fenômeno foram, também, elaboradas listagens, em ordem decrescente, com valores absolutos e relativos referentes aos censos considerados.

Esta pesquisa apoiou-se, portanto, em quatro listagens básicas que permitiram a localização de qualquer município, em diferentes ordens:

1. Domicílios ocupados e de uso ocasional por municípios, em 1980 e 1991, em valores absolutos e porcentagens, em ordem alfabética.
2. Domicílios ocupados e de uso ocasional por situação urbana e rural, em 1980 e 1991, em valores absolutos e porcentagens, em ordem alfabética.
3. Domicílios de uso ocasional por municípios, em 1980, em valores absolutos e porcentagens, em ordem decrescente.
4. Domicílios de uso ocasional por municípios, em 1991, em valores absolutos e porcentagens, em ordem decrescente.

Várias metodologias propostas para o estudo de residências secundárias empregam valores absolutos e relativos. Clout, por exemplo, adotou um Índice de Concentração de Residências Secundárias, considerando o número de residências secundárias e primárias. Ragatz, que pesquisou casas de veraneio no Nordeste dos Estados Unidos, propôs um quociente (*Vacation Home Quocient*), no qual relaciona valores gerais das unidades político-administrativas com dados estatísticos locais.

Alguns estudos, entretanto, têm demonstrado implicações falsas na utilização de valores absolutos para exprimir a real dimensão de residências secundárias em certas áreas. Isto porque nem sempre os valores absolutos identificam espaços em que essa forma de alojamento turístico apresenta expressividade em relação ao total de domicílios.

Para avaliar a metodologia corrente foi escolhida uma área-teste. Sabendo-se que a capital paulista constitui importante emissor de turismo de fim de semana, conforme demonstrado por Langenbuch, já em 1977, e que a esse fato estão relacionadas as residências secundárias, optou-se pela região metropolitana de São Paulo, considerando-se apenas o ano de 1980, por estar mais próximo do momento analisado por esse autor.

A análise do mapeamento dos valores absolutos de residências secundárias no ano de 1980, como era esperado, mostrou-se em desacordo com a realidade, isto porque alguns municípios que apresentam um grande número de residências secundárias, expressos em valores absolutos, não estão relacionados ao turismo de fim de semana. É o caso da capital, que contava em 1980 com o quinto maior valor absoluto de residências secundárias em todo o Estado (12.217 unidades), e de outros municípios como Suzano, Mauá e Embu, que, apesar da expressividade numérica (mais de mil unidades), não têm essa modalidade como parcela significativa de seu alojamento turístico, considerando o total de domicílios.

Ao contrário, a análise dos valores relativos obtidos pelo cálculo da porcentagem, considerando a participação das residências secundárias no conjunto de domicílios ocupados, revelou ser compatível com a realidade observada empiricamente e com a pesquisa desenvolvida por Langenbuch, em 1977. Assim, optou-se pelo uso combinado de valores absolutos ou relativos, dependendo do objetivo da análise, questão que será considerada no momento adequado.

Aparecem incluídos nesta pesquisa todos os 572 municípios e, em um primeiro momento, foram considerados inclusive aqueles que apresentaram participação insignificante. Isto porque, entre 1980 e 1991, alguns passaram de índices incipientes para índices fracos, médios e, até mesmo, fortes. Estes índices – incipientes, fracos, médios, fortes e excepcionais – constituem a base do trabalho e foram utilizados para avaliar a expressividade do fenômeno nos municípios do Estado de São Paulo.

Houve, também, preocupação constante em avaliar os dados existentes em relação às unidades administrativas, o que se fez por meio do controle dos dados dos censos com referências cartográficas do próprio IBGE e da Secretaria de Economia e Planejamento do Estado de São Paulo. Todavia, optou-se por adotar o critério do IBGE, que considera apenas os municípios efetivamente implantados até setembro de 1991. Assim, neste estudo apoiado nos censos demográficos, a divisão político-administrativa coincide com a base cartográfica do IBGE, uma vez que não seria possível agir de outra forma.

Essas considerações registram procedimentos gerais da metodologia adotada. Aspectos particulares serão relatados no decorrer da pesquisa.

Convém considerar, ainda, alguns fatores que limitaram este estudo. Inicialmente, a escassez bibliográfica e a dificuldade para localizar obras que tratam do tema com exclusividade, restringindo o apoio bibliográfico aos artigos específicos e às obras sobre turismo que dedicam algum espaço às residências secundárias, na maioria das vezes em idiomas estrangeiros. Outra limitação refere-se aos dados estatísticos, que, em certos casos, não permitiram abordagens mais precisas do fenômeno. A estas acrescentam-se limitações de tempo para a realização de uma pesquisa que deveria ser desenvolvida por uma equipe, o que talvez possa ser feito futuramente.

Finalmente, apresenta-se, nesta pesquisa, o resultado de um esforço pessoal para o tratamento de um fenômeno controverso que só poderá ser mais bem compreendido se forem avaliadas sua presença, dimensão e expressividade.

AGRADECIMENTOS

AGRADECIMENTOS

Pesquisar é, sempre, um trabalho árduo, marcado pelo tempo que teima em encolher-se e pelo ter de afastar-se daquelas pessoas que mais se deseja ter por perto. Paradoxalmente, é nesse momento, também, que se percebe a chegada dos bons amigos com uma dose extra de carinho e atenção. Outros, ainda, oferecem sua competência e seu profissionalismo, tão necessários nessa hora. A todos que me dispensaram palavras de estímulo e apoio, atenção e amizade, deixo o registro de minha gratidão.

Com destaque especial, quero agradecer à Profa. Dra. Sarah Bacal, que sempre esteve pronta a ouvir-me, esclarecendo minhas dúvidas, e soube estimular-me a prosseguir nos momentos de desânimo; ao Prof. Dr. Mário Jorge Pires, amigo que prima pela dedicação e postura crítica diante de suas atribuições didáticas e de pesquisa, inovador e competente em tudo o que faz; à Profa. Dra. Beatriz Helena Gelas Lages, pelos esclarecimentos prestados na fase inicial desta pesquisa; às Profas. Dras. Mirian Rejowski e Mauren Leni de Roque, por terem dedicado parte de seu tempo a ouvir-me e a esclarecer algumas questões.

A Viviane Domingues, pela amizade e colaboração pronta e eficiente na fase final deste trabalho, o meu agradecimento.

Impossível não registrar a minha gratidão a Karina Toledo Solha e a Eduardo Jun Shinohara, pela digitação e elaboração da parte gráfica desta pesquisa, em que, além da competência, transparecem dedicação e amizade.

Meu reconhecido agradecimento à Profa. Dra. Nancy Leonzo, amiga que sempre me incentivou a prosseguir nas horas de desânimo.

Minha gratidão à minha querida irmã Irene, participante ativa de toda a minha vida e que, apesar de suas múltiplas atividades, soube encontrar o tempo necessário para estar presente em todas as fases desta pesquisa, apoiando-me e assessorando-me com sua competência.

Caro Mestre Professor Penteado, como pode ser esta uma homenagem póstuma, se sua figura ainda permanece tão presente?

OLGA TULIK

ÍNDICE

1. Residências Secundárias ... 1
Uma Modalidade de Alojamento Turístico
As fontes estatísticas e a questão conceitual ... 3
Fatores de localização e distribuição espacial ... 10

2. Distribuição Espacial no Estado de São Paulo ... 15
Panorama do fenômeno no Estado de São Paulo ... 17
Expressividade por municípios ... 29

3. Grupos de Emissores Expressivos no Estado de São Paulo ... 41
Relação com áreas populosas e desenvolvidas ... 43
Possibilidades dos deslocamentos ... 56

4. Áreas de Concentração de Residências Secundárias ... 69
Evolução e dinâmica espacial ... 71
Repercussões espaciais e socioculturais ... 83

Conclusões ... 95

Bibliografia ... 101

Índice Remissivo ... 107

1

RESIDÊNCIAS SECUNDÁRIAS
UMA MODALIDADE DE ALOJAMENTO TURÍSTICO

As Fontes Estatísticas e a Questão Conceitual

Residências secundárias constituem parte dos meios de hospedagem. Estes, por sua vez, integram a oferta turística que está compreendida nas estruturas e nos processos do desenvolvimento turístico (Pearce, 1988:19).

A distribuição dos meios de hospedagem tem sido amplamente utilizada para medir as variações espaciais do turismo, pois constituem uma das mais visíveis e tangíveis manifestações dessa atividade, sendo, geralmente, inventariadas com finalidades estatísticas e propósitos fiscais (Pearce, 1988:113). Em vários países, inclusive no Brasil, os censos demográficos, especificamente na parte referente aos domicílios, fornecem dados estatísticos sobre as residências secundárias. Incluídas entre domicílios particulares, as residências secundárias podem ser inferidas a partir dos conceitos operacionais formulados pelos órgãos censitários.

O censo demográfico realizado pelo IBGE em 1991 classifica os domicílios[1] em duas grandes categorias: particulares, que englobam os ocupados, fechados, vagos e de uso ocasional; e coletivos, que compreendem hotéis, pensões, recolhimentos, asilos, orfanatos, conventos, penitenciárias, quartéis, postos militares, navios, alojamentos de trabalhadores etc.[2] (IBGE, 1991:11).

As residências secundárias, objeto desta pesquisa, identificam-se com os domicílios de uso ocasional, que são definidos como *"... os domicílios particulares que serviam de moradia (casa ou apartamento), isto é, os usados para descanso de fim de semana, férias ou outro fim"* (IBGE, 1991:13).

A preocupação com uma categoria específica que tenha o sentido do que se entende por residência secundária é relativamente recente no Brasil. A evolução dos conceitos operacionais do IBGE pode dar uma idéia desse fato.

O recenseamento demográfico de 1970 registra, pela primeira vez, o que pode ser entendido como residências secundárias, que aparecem

---

[1] *"Domicílio é a moradia, estruturalmente independente, constituída por um ou mais cômodos, com entrada privativa" (IBGE, 1991:12).*

[2] *"Para a investigação das características dos domicílios e das pessoas neles residentes, a data de referência foi a noite de 31 de agosto para 1º de setembro" (IBGE, 1991:11).*

incluídas entre os domicílios fechados. Eram assim considerados os domicílios "que serviam ocasionalmente de moradia (casa de praia ou campo, normalmente usada para descanso de fim de semana ou férias) e cujos moradores não estavam presentes na data do censo" (IBGE, 1970). No recenseamento demográfico seguinte (1980), aparecem designados como de "uso ocasional os domicílios que serviam ocasionalmente de moradia (casa ou apartamento), normalmente usados para fim de semana ou férias, cujos moradores não estavam presentes na data do censo" (IBGE, 1980: IX).

Comparando os conceitos operacionais anteriormente mencionados com o correspondente ao censo de 1991, percebe-se que a diferença principal restringe-se à presença do morador ocasional. Em 1991, porém, a condição de domicílio ocasional foi atribuída mesmo que "na data de referência do censo, estivessem presentes seus ocupantes"[3]. Entretanto, o aprimoramento maior ocorreu de 1970 para 1980, quando houve preocupação do órgão censitário em criar categoria específica para esse tipo de domicílio, separando-o dos fechados, que, evidentemente, não podem ser confundidos com residências secundárias.

Dados estatísticos do censo demográfico de 1970 (no qual as residências secundárias estavam incluídas entre os domicílios fechados) foram utilizados por Langenbuch, que, em exaustiva pesquisa, procurou determinar os municípios do Estado de São Paulo que apresentavam, em escala expressiva, a função de recepção turística (Langenbuch, 1977:1-49). Para alcançar seu objetivo, o mencionado autor elaborou uma avaliação relativa da capacidade de alojamento turístico, adaptando a Taxa de Função Turística, proposta por P. Defert, amplamente utilizada pelos especialistas em turismo, que relaciona o número de leitos turísticos da área considerada com a população local[4] (Langenbuch, 1977:5). A questão levantada pelo autor, e que mais diretamente está ligada a esta análise, diz respeito à categoria dos domicílios fechados, na qual se incluíam as residências secundárias, pois Langenbuch constatou, por meio de pesquisas de campo, que entre eles apareciam também "residências secundárias de caráter não turístico" (Langenbuch, 1977:8-9). Desse fato decorria, em alguns casos, uma "falsa Taxa de Função Turística, resultante de um grande número de domicílios fechados", com utilização diversa do turismo, e que não

---

[3] IBGE. Manual do recenseador. Censo demográfico (1991:24).

[4] Taxa de Função Turística de P. Defert: $T = \dfrac{n^\circ \text{ de leitos turísticos}}{n^\circ \text{ de habitantes}} \times 100$

podiam ser enquadrados como residências secundárias, correspondendo às seguintes situações:

1. Em Jambeiro, Lagoinha, Mira Estrela e Natividade da Serra, casas-sede de sítios, pertencendo aos agricultores que apenas as ocupavam nos domingos e dias de festas religiosas (reminiscências de hábito outrora arraigado no Brasil de Sudeste); cabanas na zona rural ocupadas apenas parte do ano por trabalhadores temporários (Langenbuch, 1977:11);
2. Em Porto Ferreira, domicílios fechados que correspondiam, essencialmente, a ranchos de pesca pertencentes a residentes na própria cidade e desconsiderados pelo autor por não envolverem deslocamento de um município para outro (Langenbuch, 1977: 11-2).

Percebe-se que, na operacionalização dos conceitos do IBGE para 1991, essa falha foi sanada, pois, como já analisado, domicílios fechados e de uso ocasional apresentam-se separadamente. A presente pesquisa, portanto, não está apoiada em domicílios fechados (objeto das acertadas restrições de Langenbuch), mas nos de uso ocasional, aqui entendidos como residências secundárias, uma vez que o sentido destas é coerente com o conceito operacional relativo a eles.

Outro aspecto abordado por Langenbuch (1977:9) refere-se à falta de dados distritais, rurais e urbanos, além da dificuldade para distinguir outras formas de alojamento, como colônias de férias, acampamentos etc.

No censo demográfico de 1991, foram introduzidos dados estatísticos que permitem superar alguns desses problemas, entre os quais a situação do domicílio de uso ocasional (urbano e rural) e a especificação dos distritos em que se encontram. Entretanto, ainda permanecem entre os domicílios coletivos os vários tipos mencionados anteriormente, dificultando as pesquisas sobre alojamentos turísticos não-particulares. Convém lembrar que, embora residências secundárias e hotéis sejam as modalidades mais difundidas no Brasil (como ocorre no mundo inteiro), existem outras que poderiam ser detectadas desde o início pelo recenseamento de domicílios. Apart-hotéis, acampamentos, hotéis de lazer, unidades de Tempo Compartilhado (*Time Share*) e outras poderiam ser mais bem analisadas e entendidas quanto às exigências de serviços e de outros equipamentos necessários e às repercussões espaciais decorrentes de sua procura, se os pesquisadores pudessem contar com os dados estatísticos do IBGE.

Percebe-se a extrema complexidade que envolve a questão conceitual e a obtenção de dados estatísticos sobre meios de alojamento em geral e, especificamente, sobre residências secundárias. Esse fato encontra apoio na expressão "outro fim", que consta na conceituação do domicílio de uso ocasional do censo de 1991, sugerindo utilização diversa do "descanso de fim de semana e férias". Apesar das lacunas e enganos, que podem existir, os dados do IBGE constituem a fonte mais confiável até agora encontrada. Além disso, esse órgão é o único que dispõe de dados estatísticos para uma análise das residências secundárias no Brasil.

As dificuldades encontradas no Brasil também ocorrem em outros países. Na França, por exemplo, somente a partir de 1954 apareceram dados oficiais sobre domicílios fechados, que, pelo conceito operacional, puderam ser entendidos como residências secundárias. Mesmo após esse começo, as estatísticas foram consideradas deficientes, seja por englobar outras formas de alojamento, como os domicílios vagos, seja por subestimar os valores, como aconteceu no censo de 1968 (Boyer, 1972:124). Infelizmente, informações mais recentes não foram obtidas, o que anula qualquer possibilidade de comparação contemporânea. Além disso, como já foi mencionado, o interesse pelas pesquisas de residências secundárias parece ter culminado em momentos diferenciados entre os países, pois, no exterior, começa entre 1970 e o final da década de 1980, ao passo que, no Brasil, o assunto ainda está por merecer estudos aprofundados.

A questão conceitual e a necessária e inevitável busca por uma definição são, em parte, reflexos da profusão de termos alternativos, de sentido amplo ou restrito, nos mais diversos idiomas, aplicados conforme as modalidades turísticas praticadas e as especificidades locais: em português, encontramos os termos domicílio de uso ocasional (IBGE), residência turística (Langenbuch), residência secundária, segunda residência e outras formas de uso corrente, como casa de campo, de temporada, de praia, de veraneio, além de chalé, cabana, sítio e chácara de lazer ou de recreio; em francês, *residence secondaire, maison de campagne, residence touristique*; em inglês, *second home, vacation home*; em espanhol, *segunda casa, segundo hogar, casas vacacionales*; em italiano, *seconda casa*; e outros tantos termos que devem existir para expressar aquele que não é o domicílio principal.

Alguns desses termos são muito restritivos, o que limita sua aplicação genérica, como, por exemplo, casa de temporada. Esse vocábulo específico aplica-se ao domicílio utilizado em períodos mais longos, a chamada temporada de férias, mas pode, também, ser utilizado em períodos mais curtos, o fim de semana; por outro lado, essa casa de temporada tanto pode ser uma casa de praia como de montanha, ou de campo. O que se verifica é que, na maioria das vezes, esses termos refletem causas circunstanciais e são influenciados por fatores de ordem cultural.

De qualquer modo e qualquer que seja o termo aplicado ao domicílio ou imóvel que serve como residência secundária, tal modalidade de alojamento turístico apresenta aspectos conceituais que merecem ser analisados e avaliados em função da realidade brasileira.

O *Dicionário de Geografia Humana* (Johnston, 1989:302) conceitua residência secundária (*second home*) como a propriedade que pode ser própria, alugada ou arrendada por uma família, cuja residência principal está situada em outro local. Tal propriedade, usualmente localizada em áreas rurais, é utilizada com propósito de recreação. Destaca Pew, o autor do verbete, que essa definição não é aceita de modo satisfatório, internacionalmente, para fins de coleta de dados.

Para Ragatz (1970:447), a residência de férias (*vacation home*) compreende um domicílio familiar, e ocupantes devem ter algum outro lugar como residência principal. O mesmo autor destaca, ainda, que a residência de férias deve ter sido construída, originalmente, com o propósito de realizar atividades no tempo de lazer.

Analisando o caso da França, Boyer (1972:124) mostra que existe uma dificuldade de definição, pois, no sentido corrente, o termo corresponde a uma residência de lazer que o proprietário, habitualmente morador em área urbana, utiliza para passar férias, total ou parcialmente, e para os fins de semana. Segundo esse autor, em 1962, o censo realizado na França qualificou como residências secundárias (*residences secondaires*) as casas e os apartamentos mobiliados, alugados ou por alugar para estadas turísticas, excluídos os hotéis. É evidente, considerou Boyer, que essa definição é nitidamente mais ampla. A definição de 1969, entretanto, considera tanto as residências secundárias próprias quanto os alojamentos alugados ou emprestados por amigos dos quais o proprietário pode dispor a qualquer momento (Michaud, 1983).

Relacionando a residência secundária ao turismo sedentário, Sanchez (1985:111) observa que, nessa modalidade de alojamento turístico, há o uso repetido do mesmo espaço, criando alguma forma de vínculo territorial e psicossociológico. Esse vínculo, definido pela intenção de uso, estabelece uma ligação espacial restrita a períodos ocasionais menores ou semipermanentes e mais duradouros.

Considerando as diversas conceituações, alguns aspectos merecem ser avaliados em virtude das grandes diferenças observadas entre elas, muitas das quais só podem ser explicadas por fatores como localização geográfica e contexto cultural.

Uma primeira questão diz respeito à propriedade ou não do imóvel que serve como residência secundária. O fato de tratar-se de domicílio particular, no conceito operacional do IBGE, já confere à residência secundária o sentido de propriedade, embora ela possa ser alugada ou arrendada.

É o que se percebe também em Pew (Johnston, 1989:302), em Boyer (1972:124) e na definição do órgão oficial de turismo da França (Le Moniteur, 1977:127). Sanchez (1985:111) vai além, estabelecendo a relação com um vínculo territorial e psicossociológico. A questão de propriedade, entretanto, é omitida no estudo de Ragatz (1970:447).

Conclui-se, portanto, que a residência secundária, enquanto propriedade particular (já que não existem, pelo menos no Brasil, residências secundárias públicas), constitui uma modalidade de alojamento turístico cujo conceito operacional não deveria estar ligado ao fato de ser própria, alugada, arrendada ou emprestada.

A questão prática referente à propriedade da residência secundária torna-se mais complexa quando se verifica que muitos moradores alugam suas residências permanentes para turistas e temporariamente se transferem para a casa de parentes e amigos, almejando, dessa forma, obter uma renda adicional. Em virtude dessa complexidade, impossível de ser analisada em qualquer estudo amplo sobre as residências secundárias, optou-se, no caso brasileiro, pela utilização dos dados do IBGE, considerando-se a residência secundária um imóvel, excluindo-se sua condição de propriedade.

Quanto à localização em zona urbana ou rural, observam-se duas condições: omissão do fato (IBGE e Sanchez); possibilidade de vínculo territorial rural ou urbano (Pew e, indiretamente, Boyer).

Acredita-se que, em certas áreas, o contexto cultural possa explicar essa questão. Nas áreas de ocupação antiga, por exemplo da França, verificou-se que a maioria das residências secundárias provém de heranças ou da aquisição de casas rurais desocupadas (Boyer, 1972:119) e que a busca pelo campo e pela natureza constitui uma aspiração antiga desses habitantes. O mesmo não acontece em outras áreas de ocupação recente, que dispõem de espaços vazios. Nesses casos, o processo de loteamento ocorre em ritmo acelerado, desencadeando a chamada especulação imobiliária que, além de repercussões negativas, tem contribuído para urbanizar as destinações. Percebe-se que a localização da residência secundária, na área urbana ou rural, é uma questão irrelevante no que diz respeito ao conceito operacional e pode, em certos casos, ser explicada por fatores circunstanciais ou culturais.

Especificar na conceituação que o imóvel deve ter sido construído para ser residência secundária constitui, sem dúvida, uma questão, no mínimo, interessante. Evidentemente, muitas residências secundárias foram construídas com o propósito de serem utilizadas no tempo livre. Essa intenção era comum em 1967, na França, com um quinto das residências secundárias (Boyer, 1972:119). O mesmo acontece em outros lugares, inclusive no Brasil, onde a maioria das residências secundárias é construída para tal fim. O propósito inicial de uso exclusivo para residência secundária aparece claramente no trabalho de Ragatz (1970:447). Todavia, observa-se que, na prática, nem sempre isso acontece. Muitas vezes, as residências secundárias só se definem como tal após terem servido como residências permanentes. Em outros casos, é a residência secundária que se torna a principal. É indiscutível, porém, que, como alojamento turístico, elas são utilizadas no tempo livre, seja ele de férias ou de fim de semana, prolongado ou não, e que seu uso está condicionado à recreação e ao lazer.

Existem certas concordâncias entre os autores que, também, podem ser observadas empiricamente. Por exemplo, a idéia de residência secundária contrapõe-se à de residência permanente, também denominada principal, normal ou primária. Isso significa que o ocupante da residência secundária deve, obrigatoriamente, habitar outro domicílio, considerado principal. Dessa forma, percebe-se um dos componentes básicos do turismo – o deslocamento por mais de 24 horas, envolvendo pernoite, razão principal da necessidade de um alojamento turístico no tempo livre. A propósito dessa questão, Michaud (1985:93) observa que convém falar de alojamento turístico, não de lazer, e que, por definição, os alojamentos recebem pessoas em deslocamento, por mais de 24 horas, ainda que o motivo seja lazer, saúde, negócios etc.

A temporalidade na ocupação corresponde a outra concordância entre os autores. Ninguém reside, permanentemente, em residência secundária, mas ocupa esse espaço por períodos mais ou menos prolongados em função do tempo livre, da disponibilidade financeira e da distância do domicílio principal. Estes e outros fatores contribuem para explicar as concentrações de residências secundárias em certas áreas.

Residência secundária, portanto, opõe-se à residência principal e sua utilização compreende o uso temporário por períodos que podem ser prolongados ou não. Alguns autores observam que o uso pode ser repetido, mas não consecutivo por período superior a um ano, o que estabelece o já mencionado vínculo territorial e certo paralelismo com a definição aceita para turista, fato que reforça a noção da residência secundária como alojamento turístico. Residência secundária, portanto, é um alojamento turístico particular, utilizado temporariamente nos momentos de lazer, por pessoas que têm domicílio permanente em outro lugar.

Convém frisar que, para esta pesquisa, a residência secundária identifica-se com o domicílio de uso ocasional, conforme a definição operacional do censo demográfico do IBGE, em 1991.

Explica-se a utilização dos termos residência secundária ou segunda residência, por tratar-se de vocábulos já consagrados pelo uso na literatura especializada em turismo e que, sendo genéricos, podem ser aplicados às mais diversas situações.

FATORES DE LOCALIZAÇÃO E DISTRIBUIÇÃO ESPACIAL

Residências secundárias representam uma relação permanente entre a origem e o destino, uma vez que estabelecem regularidade entre saídas, chegadas e retornos. Ambos se complementam, pois se existem no emissor fatores que estimulam a procura por residências secundárias, o receptor detém características capazes de atrair, a ponto de justificar um vínculo territorial. Fatores diferenciados, ou comuns a ambos, explicam, não apenas a saída dos pontos de origem em busca de alojamento temporário e a demanda por essa modalidade de hospedagem como, também, definem áreas de destino e de concentração de residências secundárias.

Analisando a localização de residências secundárias, alguns autores destacam a predominância de certos fatores bem conhecidos: "a demanda recreativa em geral, a degradação dos ambientes urbanos, o incremento na dimensão da conurbação e as oportunidades de investir em um patrimônio" (Baud-Bovy e Lawson, 1977:83); além destes, são mencionados, com freqüência, o estágio avançado do desenvolvimento econômico dos pólos emissores (geralmente as metrópoles e outras áreas urbanizadas), a distância e a acessibilidade entre a origem e o destino e as campanhas de *marketing* realizadas nas principais áreas emissoras da demanda por residências secundárias. Outros fatores ainda devem ser considerados, entre os quais a disponibilidade financeira, a possibilidade de espaços desocupados, a propriedade e o uso do solo, a proximidade do domicílio principal, a presença e a qualidade de vias de acesso, motivações diversas e atrativos nas áreas de destino.

Centros populosos, urbanizados e industrializados atuam como pontos de origem, e o entorno desses espaços configura-se como áreas de recreio e lazer (Alvarez, 1989:76). Esses centros correspondem às áreas de mercado ou, no dizer de Pearce (1987:108), às "hinterlândias de férias", alvo de estratégias de *marketing*, que envolvem a criação de campanhas de promoção muitas vezes intensivas, procurando alcançar segmentos específicos que tenham interesse e condições financeiras para a aquisição de residências secundárias.

Outra condição surge nesse contexto: é preciso que haja disponibilidade de renda, que garanta, em um primeiro momento, a aquisição da terra ou o direito de ocupar um espaço. Esse aspecto constitui pré-requisito para qualquer projeto de desenvolvimento turístico e, principalmente, para as residências secundárias (Pearce, 1988:34).

A propriedade de uma residência secundária, entretanto, não se limita apenas à aquisição do terreno, mas também a construção e manutenção, envolvendo gastos com impostos, pessoal, serviços públicos em geral, reformas, melhorias etc. Ter uma residência secundária significa possuir disponibilidade financeira, até mesmo para chegar ao destino, pois implica, na maioria das vezes, a posse de um veículo ou, com menor freqüência, a utilização de transpcrtes coletivos. Sendo a renda fator fundamental para a propriedade da residência secundária, bem como do meio de locomoção, percebe-se que essa forma de alojamento turístico está destinada às pessoas que dispõem de um mínimo de excedente de recursos financeiros para arcar com os custos necessários.

Residência secundária não significa apenas garantia de alojamento, mas, também, oportunidade de investimento. Cazes, Lanquar e Raynouard (1990:102) observam que a motivação econômica, muitas vezes, explica a compra de uma residência secundária, já que o imóvel constitui valor seguro em tempo de erosão monetária. Todavia, deve ser considerado um investimento que não oferece liquidez nem rentabilidade imediatas, pois sua venda está sujeita às leis de oferta e procura, e nem sempre esses imóveis são alugados, permanecendo vazios na maior parte do ano. Michaud (1983:99) observou que, na França, as residências secundárias, em geral, jamais são oferecidas para aluguel, não apenas por motivos fiscais e administrativos, mas também pelo investimento afetivo que lhes atribuem.

Analisando alojamentos de fim de semana e sua relação com o domicílio permanente, Tauveron (1985:254) verificou que, na França, conscientemente ou não, os dois casos são assinalados sempre por uma estratégia patrimonial, que alcança várias gerações e, ao mesmo tempo, por um projeto de lazer e, mais amplamente, por um projeto de vida. Adquirir uma residência secundária, mais que aplicar parte da renda, pode significar investimento afetivo no sonho da posse, aspiração muito próxima de outro aspecto relevante que é a ascendência social. Sob essa perspectiva, a residência secundária, conforme Michaud (1983:97), serve como suporte privilegiado ao tempo de dedicar-se à família e às férias; suporte igualmente para as relações sociais e (por que não?) prazer supremo! – Suscitar a inveja!...

Deve ser considerada, ainda, a possibilidade de lazer que a residência secundária pode oferecer. Pearce (1988:121) lembra que a ambição pelo lazer pode ser um motivo que transcende a do próprio investimento.

Todavia, não basta ter renda. Dispor de tempo livre é condição essencial para usufruir do alojamento. Na sociedade moderna, a multiplicação do tempo livre pelas conquistas sociais aumentou as possibilidades de um investimento individual no lazer[5]. O prolongamento dos fins de semana, com os sábados livres, feriados e "pontes" que transformaram dias, que seriam de trabalho, em períodos mais longos de tempo livre, concorreu para ampliar a duração da permanência na residência secundária.

A maior ou menor disponibilidade de tempo livre exerce papel significativo na seleção dos sítios para residências secundárias. A esse fato estão associados a proximidade do domicílio principal, a distância e o custo da viagem. Todavia, a distância deve ser medida em função do tempo de transporte entre a origem e o destino, o que ressalta outro aspecto – a qualidade das vias de acesso.

A procura por residências secundárias ocorre, inicialmente, nas áreas periféricas dos grandes centros urbanos, criando os chamados *banlieu du dimanche*, que, posteriormente, podem ser alcançados pela urbanização, uma das repercussões espaciais que será analisada no item correspondente.

A distância entre a residência secundária e a permanente varia conforme o tamanho da área urbana emissora: 100 km para habitantes de pequenas cidades e 150 a 200 km para os que vivem em cidades com mais de 1 milhão de habitantes (Baud-Bovy e Lawson, 1977:33). Para atrações especializadas, como campos de esqui, as distâncias podem ser maiores (Pearce, 1988: 33).

Em virtude das condições já mencionadas, podem ocorrer transformações nessas distâncias. Conforme Boyer (1972:125), em algumas cidades da França, residências secundárias do século XVIII (posteriormente transformadas em permanentes) estavam à distância de 4 a 5 km dos centros emissores. Já nos anos 70, todas as cidades da Provença tinham suas residências secundárias entre 60 e 70 km de distância (Boyer, 1972:126). Na França, em 1979, a localização das residências secundárias limitava-se a um raio variando entre 20 e 80 km, conforme o tamanho das cidades, o que correspondia, no caso de Paris, a quase duas horas entre o momento de partida da residência principal e chegada à segunda residência (Cazes, Lanquar e Raynouard, 1990:101).

As vias e meios de acesso representam possibilidades de ligação entre residência permanente e secundária e, ao mesmo tempo, ligam os lugares entre si. A distância reduzida ou a excelência das condições de acesso podem favorecer a presença de residências secundárias, como acontece com alguns itinerários privilegiados que concentram a maioria dos fluxos.

---

[5] *A propósito do tema, consultar:* BACAL, Sarah. Lazer: teoria e pesquisa. *1988.*

A urbanização da área rural na periferia de Sevilha foi analisada por Forneau (1983:620), que salientou, entre os fatores de localização, a distância em relação ao domicílio permanente, inferior a 40 km, e a situação privilegiada em relação aos eixos de circulação.

Expressão maior do turismo de fim de semana (embora possa também ser utilizada nas férias), a residência secundária tem sua localização definida pela relação tempo-custo-distância. Esses fatores podem contribuir para a valorização de recursos naturais e culturais mais próximos dos centros emissores, que são preferidos a outros, de qualidade superior, porém mais distantes (Tulik, 1993:29).

Atrativos nas áreas de destino podem constituir parte da motivação que justifica a escolha de uma área. Os recursos, que constituem a base do desenvolvimento turístico, inclusive das residências secundárias, uma vez utilizados, podem transformar-se em atrativos tradicionais, ou conforme Gunn (1988:7-21), em atrações constantes. Mudanças de mentalidade, modismos, campanhas de *marketing*, entre outros fatores, podem interferir na seleção de áreas para residências secundárias. De modo geral, as preferências recaem sobre recursos naturais: clima, superfícies líquidas (mar, represas, lagos e rios), regiões de serra e de montanha, vegetação (parques, áreas protegidas), locais históricos e áreas de ocorrência de manifestações culturais. Atualmente, é uma constante a procura pela natureza, que se intensificou para o turismo em geral e que, no caso das residências secundárias, constitui aspecto altamente valorizado, explicando muitas concentrações.

Coppock (1977) observa que os principais fatores da distribuição das residências secundárias parecem ser: a distância dos maiores centros da população; a qualidade ou as características da paisagem; a presença de mar, rios e lagos; a presença de outros recursos recreacionais; a possibilidade de terra (espaços vazios); o clima das regiões receptoras e emissoras (Apud Pearce, 1988:116).

Essas considerações, além de todas as outras já mencionadas, explicam a localização e a distribuição geográfica de residências secundárias em muitas áreas. Na França, as residências secundárias estão concentradas no litoral, na montanha e na periferia das grandes aglomerações (Boyer, 1972:128 e Michaud, 1983:98-9). Na Espanha, distribuem-se em torno de Madri, em uma série de centros de esportes de inverno e no litoral. Na década de 1980, todas as cidades com mais de 100 mil habitantes tinham, em sua proximidade, área de expansão considerada recreativa ou turística (Alvarez, 1989:76-7).

De modo geral, na Europa e na América do Norte, as residências secundárias aparecem em três áreas principais: litoral, áreas de campo com fácil acesso aos grandes centros urbanos e regiões elevadas com cenários pitorescos (Clout, 1971:531).

A localização urbana ou rural tem sido abordada por vários autores (Boyer, Pearce, Smith, Michaud, entre outros). A própria expressão casa de campo já vincula a residência secundária à área rural. Na França, por exemplo, em 1979, metade das residências secundárias era constituída por casas antigas (anteriores a 1914), das quais a maior parte estava localizada na área rural. A outra metade, compreendida por vilas e casas de campo do período entre-guerras, também era rural ou estava localizada após as grandes aglomerações, mas também junto ao mar ou à montanha (Michaud, 1983:98).

A preferência por áreas rurais que oferecem silêncio, repouso e tranqüilidade pode não agradar a outros cuja escolha recai sobre lugares que permitam múltiplos contatos e atividades sociais. Nesse caso, o que se observa é a troca de um ambiente urbano por outro também urbano.

A aquisição de residências secundárias por estrangeiros, assunto abordado por Boyer (1972:102), no caso da França, é explicada pela proximidade geográfica, principalmente no que se refere à distribuição dessa forma de alojamento. Como explicar, por exemplo, a elevada porcentagem de residências secundárias em Santa Catarina (7,31%)[6] se não pela presença de argentinos e uruguaios?[7]

A maioria desses fatores de localização e distribuição espacial das residências secundárias aparece no Brasil e, principalmente, no território paulista, conforme poderá ser verificado nas análises posteriores.

---

[6] *Santa Catarina contava, conforme o censo de 1991, com 96.756 residências secundárias correspondentes a 5,75% do Brasil e a 29,83% da região Sul. A porcentagem em relação ao total de domicílios (7,31%) é a mais elevada do Brasil.*

[7] *Convém lembrar que, nesse caso, as residências são utilizadas nos períodos de férias.*

2

DISTRIBUIÇÃO ESPACIAL NO ESTADO DE SÃO PAULO

Panorama do Fenômeno no Estado de São Paulo

Em 1980, o Estado de São Paulo contava com 6.777.617 domicílios. Destes, 85,90% correspondiam aos ocupados; 9,89% estavam vagos; 3,28% foram classificados como de uso ocasional (aqui entendidos como residências secundárias); 0,52% estavam fechados; e 0,42% eram coletivos.

No censo seguinte, realizado em 1991, os 9.501.132 domicílios do território paulista distribuíam-se desta forma: 84,85% ocupados; 9,94% vagos; 4,84% correspondiam aos de uso ocasional; 0,20% fechados; e 0,17% coletivos (Tabela 2.1, Figura 2.1).

No período de 1980 a 1991, houve aumento da participação percentual, tanto de residências secundárias como de domicílios vagos, no total do Estado. As categorias restantes registraram, em 1991, participação percentual inferior ao censo de 1980. Considerando o conjunto do território paulista, verifica-se, portanto, aumento tanto no valor absoluto de residências secundárias (222.069 em 1980 e 459.597 em 1991)[1] como em sua participação no total de domicílios, que passou de 3,28% para 4,84%.

Esse crescimento do número de residências secundárias no Estado de São Paulo pode ser mais bem observado por meio da leitura da variação entre os dois censos mencionados. Percebe-se que a variação absoluta dos domicílios ocupados, que perfaz 2.240.037, corresponde a 38,48%, ao passo que os domicílios de uso ocasional (residências secundárias) acusam uma variação absoluta de 258.528, ou 106,96%. (Tabela 2.2, Figura 2.2).

TABELA 2.1 – Estado de São Paulo
Condição na ocupação do domicílio – 1980 e 1991

Domicílios	1980 Abs.	%	1991 Abs.	%
Ocupados	5.822.038	85,90	8.062.075	84,85
Uso ocasional	222.069	3,28	459.597	4,84
Fechados	34.933	0,52	18.709	0,20
Vagos	670.325	9,89	944.323	9,94
Coletivos	28.252	0,42	16.428	0,17
Total	6.777.617	100,00	9.501.132	100,00

[1] Em 1982 a França contava com 2.250.000 residências secundárias (Michaud, 1983:64).

FIGURA 2.1 – ESTADO DE SÃO PAULO
CONDIÇÃO NA OCUPAÇÃO DO DOMICÍLIO 1980 – 1991.

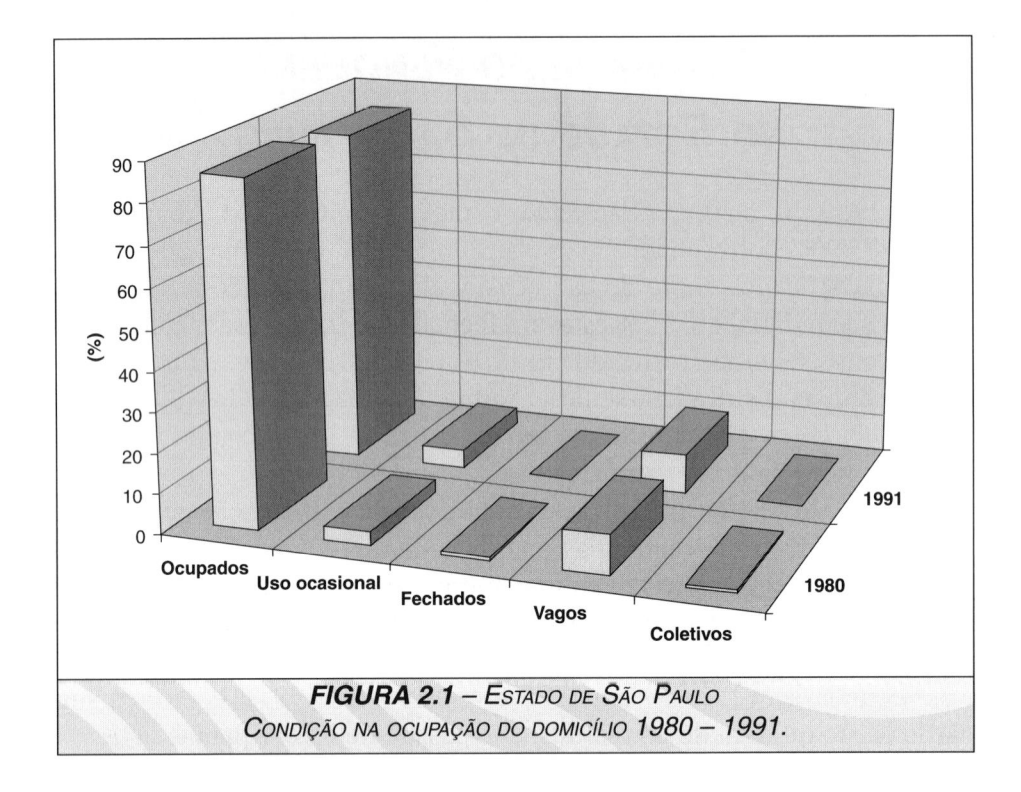

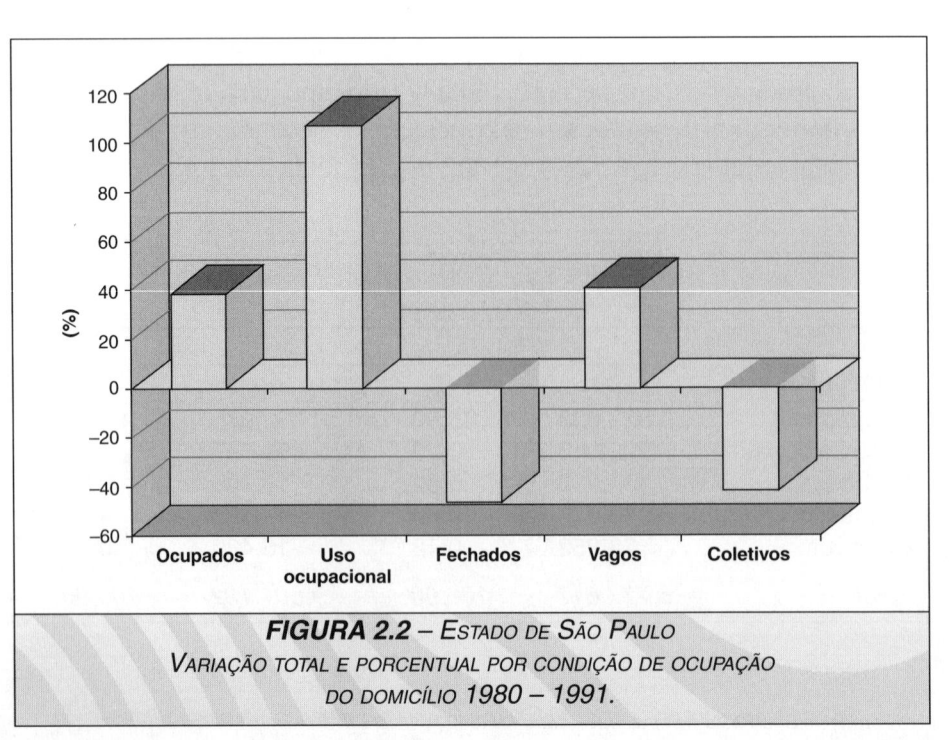

FIGURA 2.2 – ESTADO DE SÃO PAULO
VARIAÇÃO TOTAL E PORCENTUAL POR CONDIÇÃO DE OCUPAÇÃO DO DOMICÍLIO 1980 – 1991.

TABELA 2.2 – ESTADO DE SÃO PAULO
VARIAÇÃO TOTAL E PERCENTUAL POR CONDIÇÃO NA OCUPAÇÃO DO DOMICÍLIO – 1980 E 1991

Situação	1980	1991	Variação absoluta	Variação %
Ocupados	5.822.038	8.062.075	2.240.037	38,48
Uso ocasional	222.069	459.597	237.528	106,96
Fechados	34.933	18.709	-16.224	-46,44
Vagos	670.325	944.323	273.998	40,88
Coletivos	28.252	16.428	-11.824	-41,85
Total	6.777.617	9.501.132	2.273.515	40,18

No Estado de São Paulo, conforme os dois últimos recenseamentos realizados, predominavam residências secundárias urbanas (78,25% em 1980 e 80,55% em 1991) em detrimento das rurais[2] (21,75% e 19,15% respectivamente). Nesse período, a variação urbana (113,83%) foi mais significativa, sobrepondo-se à rural (82,22%) (Tabela 2.3). Entretanto, considerando-se que a população do Estado de São Paulo é predominantemente urbana (93%) e que a rural compreende apenas 7%[3], percebe-se que o crescimento de residências secundárias nesta última zona (rural) poderá acarretar problemas futuros quanto ao uso do solo. Além disso, deve ser examinada a questão da escala, pois os efeitos serão mais sensíveis em municípios menos populosos. Este aspecto só poderá ser convenientemente avaliado na análise detalhada da situação urbana e rural por municípios.

TABELA 2.3 – ESTADO DE SÃO PAULO
RESIDÊNCIAS SECUNDÁRIAS POR SITUAÇÃO NAS ZONAS URBANA E RURAL – 1980 E 1991

Situação	1980		1991		Variação	
	Abs.	%	Abs.	%	Abs.	%
Urbana	173.766	78,25	371.579	80,85	197.813	113,83
Rural	48.303	21,75	88.018	19,15	39.715	82,22
Total	222.069	100,00	459.597	100,00	237.528	196,05

---

[2] Em 1962, na França, 66% das residências secundárias estavam na zona rural (Clout, 1971:537).

[3] Estado de São Paulo – população urbana: 29.314861; população rural: 2.274.064 (IBGE, 1991:35).

Sabendo-se que o censo demográfico de 1991 registrou no Estado de São Paulo uma população de 31.588.925 habitantes, verifica-se que existe uma residência secundária para cerca de 69 habitantes (68,73)[4]. Entretanto, partindo-se do pressuposto de que são os residentes urbanos que buscam essa forma de alojamento, observa-se que o valor cai para 63,78 habitantes[5], densidade ainda muito elevada, significando que apenas uma pequena parcela da população tem acesso à residência secundária.

Igualmente, é baixa a relação entre o número de residências secundárias e a população total do Estado. Conhecendo-se a média de moradores por domicílio no Estado de São Paulo (3,32)[6], observa-se que as residências secundárias existentes podem acomodar 1.525.862 pessoas, ou seja, apenas 4,83% da população, fato que se torna mais visível se for verificado o número de residências secundárias por habitante: 0,01 RS/habitante[7].

Nesta análise do conjunto do território paulista, que abarca o período de 11 anos, merecem destaque:

1. O crescimento do número de residências secundárias.
2. A pequena parcela da população é proprietária de residência secundária.
3. A grande diferença quanto à situação do domicílio, privilegiando áreas urbanas, embora as rurais, menos expressivas, também tenham apresentado crescimento significativo.

É evidente que esses índices refletem médias que nem sempre traduzem a realidade. Sabe-se que existem, no Estado, áreas de pressões diversificadas no que se refere à concentração de residências secundárias. Essas e outras questões serão mais bem compreendidas a partir de análises detalhadas por municípios, que poderão mostrar a expressividade e as diferenciações espaciais do fenômeno no território paulista.

A partir das listagens, já mencionadas, foi feita uma análise global considerando o número de municípios que têm residências secundárias, conforme categorias estipuladas: não têm residências secundárias; até 99; 100 a 399; 400 a 999; 1.000 a 9.999; mais de 10.000 (Tabela 2.4).

---

[4] $\dfrac{31.588.925 \text{ habitantes}}{459.597 \text{ residências secundárias}}$ = 68,73 habitantes por residência secundária

Apenas como referência, em 1977, na França, havia 32 habitantes por residência secundária e, nos Estados Unidos, 77 habitantes por residência secundária. (Cazes, Lanquar e Raynouard, 1990:100)

[5] $\dfrac{29.046.134 \text{ habitantes}}{459.597 \text{ residências secundárias}}$ = 63,78 habitantes por residência secundária

[6] $\dfrac{31.588.925 \text{ habitantes}}{8.062.075 \text{ domicílios}}$ = 3,32 moradores por domicílio

[7] $\dfrac{459.597 \text{ residências secundárias}}{31.588.925 \text{ habitantes}}$ = 0,01 residência secundária por habitante

TABELA 2.4 – ESTADO DE SÃO PAULO
DISTRIBUIÇÃO DAS RESIDÊNCIAS SECUNDÁRIAS POR MUNICÍPIOS – 1980 E 1991

N° de Residências Secundárias	1980 N° de municípios		1991 N° de municípios	
	Abs.	%	Abs.	%
Não têm RS	5	0,9	—	—
Até 99	344	60,1	226	39,6
100 a 399	158	27,6	205	35,8
400 a 999	43	7,5	80	14,0
1.000 a 9.999	17	3,0	51	8,9
10.000 +	5	0,9	10	1,7
Total	572	100	572	100

Em 1980, 22 municípios tinham mais de mil residências secundárias, e apenas 5 contavam com mais de 10 mil. Em 1991, os municípios com mais de mil residências secundárias chegavam a 61, dos quais uma dezena aparece com mais de 10 mil residências secundárias.

Houve aumento em todas as categorias, tanto em valores absolutos quanto em porcentagens, exceto nas duas primeiras (não têm residências secundárias e até 99), o que reforça a idéia do aumento do número e da expressividade do fenômeno no Estado de São Paulo.

As duas primeiras categorias registraram queda correspondente a 123 domicílios entre 1980 e 1991, que, evidentemente, foi repassada para as demais.

Constatou-se, ainda, que 5 municípios em 1980 não tinham sequer uma residência secundária[8], o que não aconteceu em 1991.

Dessa análise, depreende-se que o fenômeno da residência secundária vem aumentando no Estado de São Paulo, fato que, neste primeiro momento, pode ser comprovado pela elevação percentual das categorias mais expressivas, pelo crescimento dos valores absolutos e por se constituir modalidade de alojamento presente em todos os municípios do Estado de São Paulo a partir do censo de 1991.

Para melhor avaliar a expressividade do fenômeno, foram definidas categorias de análise, conforme metodologia já mencionada, considerando-se índices de residências secundárias em relação ao total de domicílios: até 5% – incipiente; 5,1% a 10% – fraco; 10,1% a 20% – médio; 20,1% a 40% – forte; e mais de 40,1% – excepcional (Tabela 2.5).

---

[8] Não tinham residências secundárias em 1980 os municípios: Cândido Rodrigues, Orindiúva, Tarabaí, Turmalina e Vargem Grande Paulista.

TABELA 2.5 – Estado de São Paulo
PARTICIPAÇÃO DE RESIDÊNCIA SECUNDÁRIA NO TOTAL DE DOMICÍLIOS – 1980 E 1991

Categoria	Número de municípios			
	1980		1991	
	Abs.	%	Abs.	%
até 5% – incipiente	468	81,82	392	68,53
5,1 a 10% – fraco	55	9,62	97	16,96
10,1 a 20% – médio	32	5,59	56	9,79
20,1 a 40% – forte	5	0,87	18	3,15
40,1% e mais – excepcional	7	1,23	9	1,57
não tem RS	5	0,87	—	—
Total	572	100	572	100
Participação de RS no total de domicílios do Estado	222.069*	3,28	459.597**	4,84

* Total de domicílios em 1980 – 6.777.617
** Total de domicílios em 1991 – 9.501.132

Mais uma vez, percebem-se a tendência ao aumento do número de residências secundárias e a evolução positiva no total de cada categoria, exceto na incipiente. A análise do conjunto das demais (fraco, médio, forte e excepcional) registra aumento significativo nos valores absolutos (99 para 180) e, também, nos relativos que passaram de 17,30%, em 1980, para 31,42%, em 1991. A partir da segunda categoria (5,1% a 10%) até a última (mais de 40,1%), observa-se aumento do índice de residências secundárias, o que se faz em prejuízo da primeira categoria (até 5%), que caiu de 81,8% (1980) para 68,5% (1991) e, também, das variações entre as demais categorias. Foram consideráveis os aumentos de residências secundárias na categoria de 5,1% a 10% (de 9,6%, em 1980, para 17,6%, em 1991) e de 20,1% a 40% (de 0,9% para 3,1%, respectivamente em 1980 e 1991), reforçando a idéia de que está aumentando o número de residências secundárias em relação ao total de domicílios, fato já assinalado em análises anteriores. Além disso, essas considerações mostram que vem ocorrendo aumento nas categorias mais expressivas, o que significa dizer, nas áreas de maior pressão de residências secundárias. Por esse motivo, a análise envolverá, também, detalhamento por municípios para, dessa forma, chegar-se a compreender melhor a distribuição e a concentração de residências secundárias por unidade administrativa. Afinal, ao município caberá a gestão dos problemas que poderão advir, com a proliferação de residências secundárias.

Entretanto, ainda permanece em aberto a questão referente ao uso de valores absolutos. Assim, para complementar a análise anterior foi feito um levantamento de todos os municípios do Estado de São Paulo que têm mais de mil residências secundárias (valor que pode ser considerado significativo, pois muitos municípios paulistas não têm população correspondente a esse número), cuja participação no conjunto de domicílios, entretanto, não excede a 5% (índice considerado insuficiente) (Tabela 2.6).

TABELA 2.6

1980		1991	
1. São Paulo	0,55%	1. São Paulo	0,86%
2. Campinas	0,68%	2. São Bernardo do Campo	0,98%
3. Piracicaba	1,81%	3. Sorocaba	1,21%
4. Itapetininga	4,65%	4. São José do Rio Preto	1,27%
		5. São José dos Campos	1,53%
		6. Franca	1,66%
		7. Limeira	1,75%
		8. Jundiaí	1,96%
		9. Campinas	2,31%
		10. Rio Claro	2,53%
		11. Mogi das Cruzes	2,59%
		12. Bauru	2,72%
		13. Marília	2,77%
		14. Ribeirão Preto	2,93%
		15. Piracicaba	3,17%
		16. Suzano	3,34%
		17. Indaiatuba	3,73%
		18. São Carlos	4,51%
		19. Itapetininga	4,58%
		20. Ribeirão Pires	4,83%

Em 1980, 4 municípios, dos 22 que tinham mais de mil residências secundárias, apresentavam índices incipientes (Figura 2.3). Em 1991, dos 61 municípios com mais de mil residências secundárias, 20 mostraram participação incipiente no total de domicílios (Figura 2.4). Observa-se que Itapetininga, que detém um valor muito próximo de 5%, apresenta pequena redução de 80 para 91.

De modo geral, depreende-se do confronto entre valores absolutos e relativos que esses municípios não têm expressão como redutos de residências secundárias. A correlação com outros dados mostra que neles existem áreas urbanizadas, as quais, assim como acontece em outras partes do mundo, tendem a alimentar o desenvolvimento de residências secundárias em seu entorno. A avaliação desse fenômeno constitui o tema de itens posteriores.

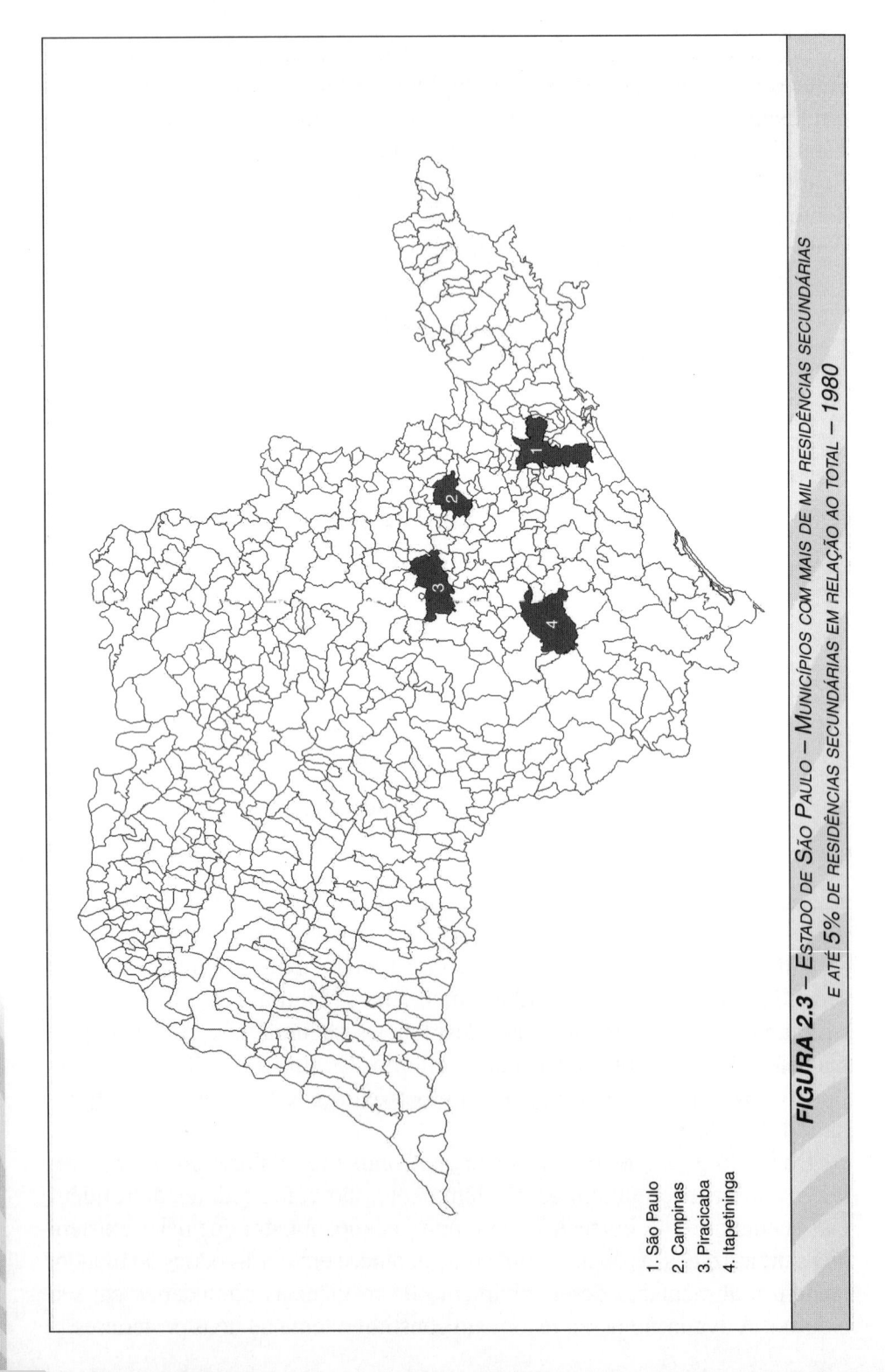

1. São Paulo
2. Campinas
3. Piracicaba
4. Itapetininga

FIGURA 2.3 – ESTADO DE SÃO PAULO – MUNICÍPIOS COM MAIS DE MIL RESIDÊNCIAS SECUNDÁRIAS E ATÉ 5% DE RESIDÊNCIAS SECUNDÁRIAS EM RELAÇÃO AO TOTAL – 1980

DISTRIBUIÇÃO ESPACIAL NO ESTADO DE SÃO PAULO

1. São Paulo
2. São Bernardo do Campo
3. Sorocaba
4. São José do Rio Preto
5. São José dos Campos
6. Franca
7. Limeira
8. Jundiaí
9. Campinas
10. Rio Claro
11. Mogi das Cruzes
12. Bauru
13. Marília
14. Ribeirão Preto
15. Piracicaba
16. Suzano
17. Indaiatuba
18. São Carlos
19. Itapetininga
20. Ribeirão Pires

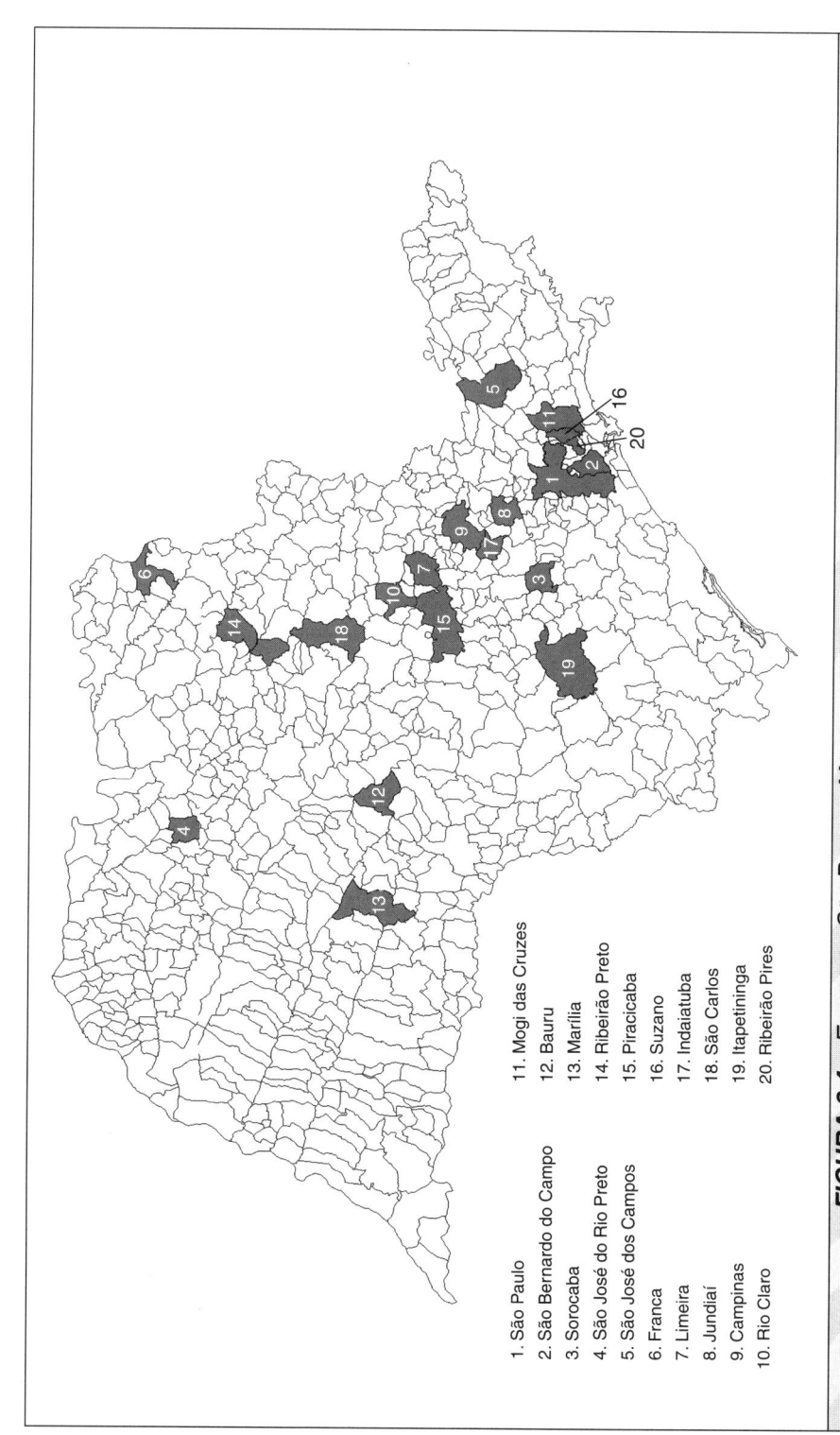

FIGURA 2.4 – *ESTADO DE SÃO PAULO – MUNICÍPIOS COM MAIS DE MIL RESIDÊNCIAS E ATÉ 5% DE RESIDÊNCIAS SECUNDÁRIAS EM RELAÇÃO AO TOTAL – 1991*

Ao mesmo tempo, essas considerações mostram a importância da utilização combinada de valores absolutos e relativos. Dessa forma, evita-se considerar como redutos de residências secundárias municípios com valores absolutos elevados, mas que têm baixa participação no total de domicílios e, portanto, reduzida expressividade nessa modalidade de alojamento turístico.

Para a análise da distribuição nas zonas urbana e rural, foram considerados apenas os municípios com porcentagem de residências secundárias superior a 5% em relação ao total de domicílios, ou seja, aqueles em que essa forma de alojamento tem alguma expressão.

Verificou-se anteriormente que no Estado de São Paulo, considerando-se todos os municípios, mesmo aqueles com índice incipiente, predominavam residências secundárias na zona urbana, tanto em 1980 (78,25%) (Figura 2.5) como em 1991 (80,85%) (Figura 2.6). Entretanto, a avaliação de cada unidade político-administrativa com índices superiores a 5% mostra que o número de municípios com residências secundárias na zona rural é muito superior ao dos que têm essa forma de alojamento na área urbana. Verifica-se, portanto, que ambos os procedimentos de análise resultam em situações diferentes e que a questão urbano-rural, nesse caso, não pode ser avaliada apenas no conjunto do Estado, mas também em relação a cada unidade político-administrativa, pois são as especificidades locais que, mais de perto, estão relacionadas aos efeitos espaciais e socioculturais.

O levantamento dos municípios com residências secundárias, conforme a localização urbana ou rural, revelou as seguintes situações:

1. Predomínio na zona urbana.
2. Predomínio na zona rural.
3. Apenas na zona urbana.
4. Equilíbrio entre as duas zonas. (Tabela 2.7, Figura 2.5).

TABELA 2.7 – Estado de São Paulo
Distribuição das residências secundárias nas zonas urbana e rural – 1980 e 1991

Distribuição	1980 Abs.	1980 %	1991 Abs.	1991 %
Não têm RS	5	0,9	—	—
Predomínio urbano	25	25,25	58	32,22
Predomínio rural	59	59,60	100	55,56
Apenas urbano	13	13,13	18	10,00
Equilíbrio urbano-rural	—	—	4	2,22
Não têm RS	2	2,02	—	—
Total	99	100	180	100

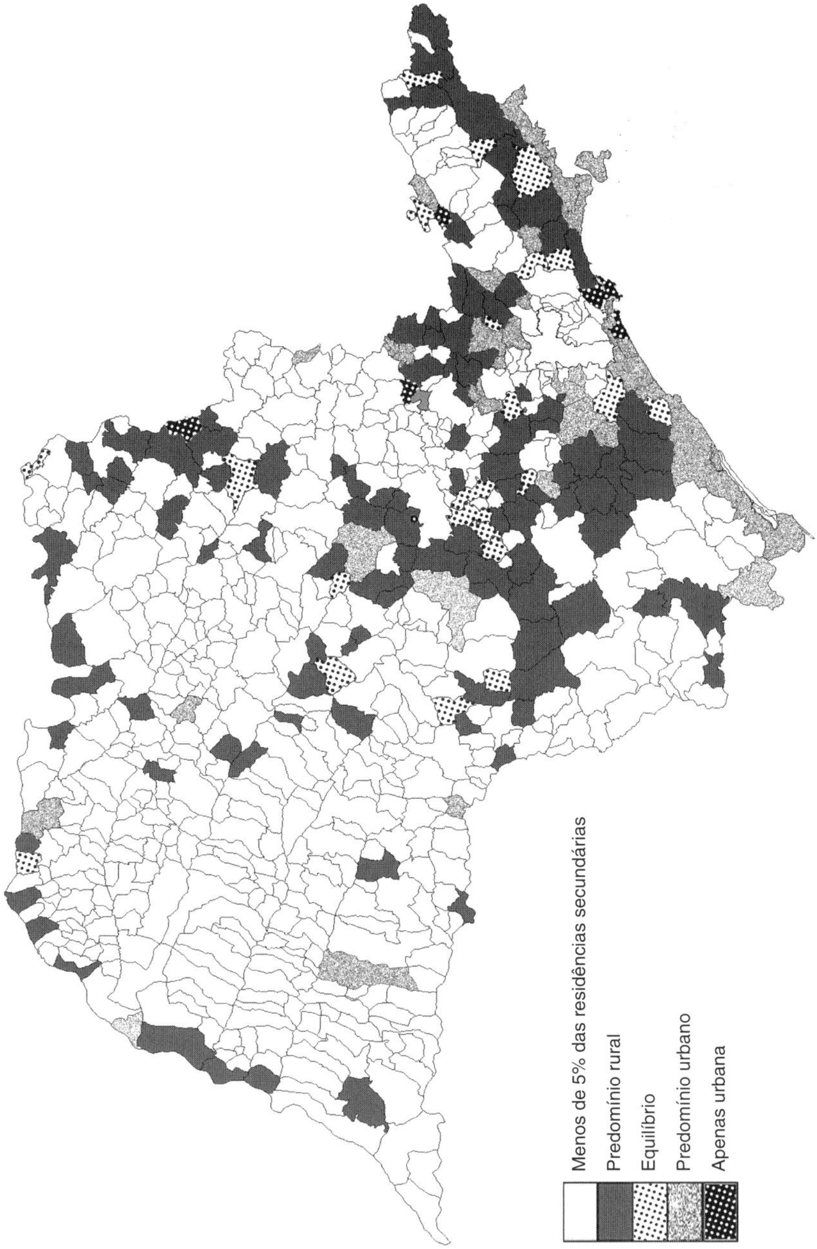

DISTRIBUIÇÃO ESPACIAL NO ESTADO DE SÃO PAULO

Menos de 5% das residências secundárias
Predomínio rural
Equilíbrio
Predomínio urbano
Apenas urbana

FIGURA 2.5 – Estado de São Paulo – Residências secundárias: distribuição nas zonas urbana e rural – 1980

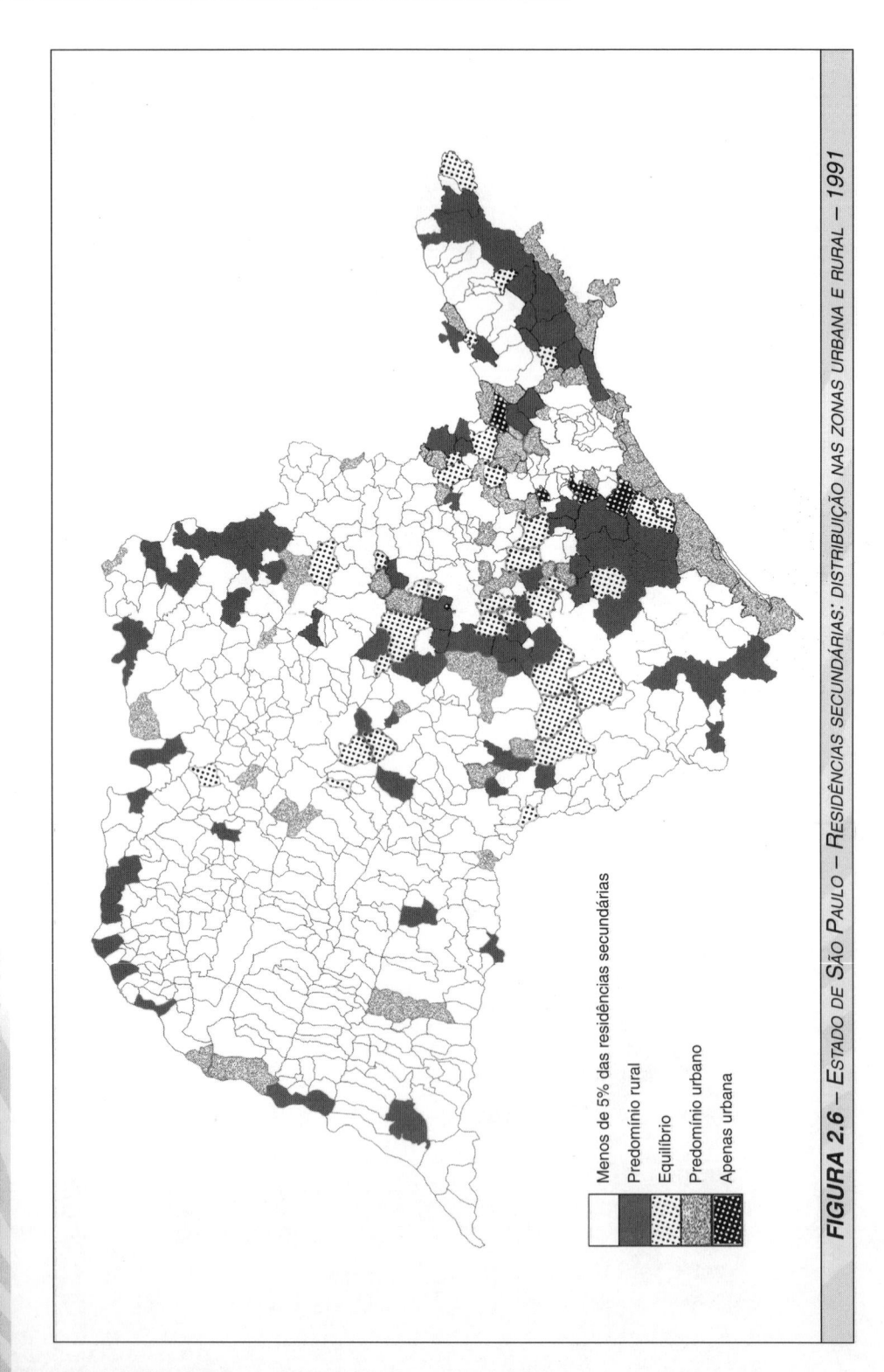

Menos de 5% das residências secundárias
Predomínio rural
Equilíbrio
Predomínio urbano
Apenas urbana

FIGURA 2.6 – ESTADO DE SÃO PAULO – RESIDÊNCIAS SECUNDÁRIAS: DISTRIBUIÇÃO NAS ZONAS URBANA E RURAL – 1991

Em 1980, no território paulista, 99 municípios tinham mais de 5% de residências secundárias, número que se eleva para 180, em 1991, embora não tenha ocorrido variação no total de unidades político-administrativas do Estado (572 municípios). Predominavam, em 1980, residências secundárias na zona rural (59,60%), participação que se reduz em 1991 (55,56%). Dos municípios paulistas, 25,25% tinham residências secundárias predominando na zona urbana, em 1980, valor que se eleva para 32,22% no censo seguinte. Houve redução do número de municípios com residências secundárias urbanas: 13,13%, em 1980 e 10%, em 1991. Apenas o censo de 1991 registrou municípios com equilíbrio entre as zonas urbana e rural (2,22%).

Observa-se que continua expressivo o número de municípios com residências secundárias na área rural, o que pode ser explicado, em parte, pela disponibilidade de recursos geofísicos pouco transformados pelo homem.

A elevação do número de municípios com residências secundárias na área urbana pode ter ocorrido por várias razões: mudança no perímetro urbano, que se estende às residências secundárias próximas à cidade; expansão do centro urbano, que alcançou as residências secundárias; aumento da demanda por essa forma de alojamento na zona urbana.

Entretanto, uma questão maior se sobrepõe a essas explicações – conseqüência da industrialização, da interiorização da economia paulista e da urbanização, que pode justificar o desenvolvimento de centros emissores e de áreas de residências secundárias que se desenvolveram em suas periferias, como será analisado na seqüência deste estudo.

Convém destacar, entretanto, que essas questões só poderão ser esclarecidas após estudo particularizado das condições geradoras do fato e de sua transformação, o que não cabe em uma pesquisa como essa, de caráter geral, apoiada em dados estatísticos.

EXPRESSIVIDADE POR MUNICÍPIOS

Considerada a questão no conjunto do território paulista, resta avaliar até que ponto o fenômeno é significativo em cada município, considerando as categorias excepcional, forte, médio, fraco e incipiente. Torna-se necessário, ainda, conhecer as variações ocorridas nessa participação porcentual, que podem revelar, em cada município, o início, a decadência ou o renascimento dessa forma de alojamento turístico.

Esta análise considera os censos de 1980 e 1991, estabelecendo uma comparação entre ambos. Para facilitar a compreensão, ao lado dos dados do censo de 1980 aparecem símbolos correspondentes à evolução porcentual de cada município no conjunto de domicílios:

+ Permanência na categoria com aumento da porcentagem
− Permanência na categoria com redução na porcentagem
↑ Mudança para categoria superior
↓ Mudança para categoria inferior

ÍNDICES EXCEPCIONAIS (MAIS DE 40%)

Em 1980, apresentando índices excepcionais (+40,1%), apareciam 7 municípios, número que se eleva para 9, em 1991 (Tabela 2.8). No período entre os dois censos, verificava-se que houve aumento da participação percentual em todos os municípios, exceto em Praia Grande que, entretanto, continua a apresentar posição privilegiada na categoria excepcional. A redução acusada nesse município revela crescimento de domicílios permanentes, fato que já vem ocorrendo em outros municípios do litoral paulista e da região metropolitana de São Paulo, como será visto na análise a seguir. A queda do número de residências secundárias, que pode ser entendida como indício, embora frágil, de saturação do mercado imobiliário[9], revela transformações no uso do solo urbano, denunciando a presença de outras atividades, e na utilização dos imóveis. Por exemplo, turistas que se aposentam e transformam sua residência secundária em domicílio principal; turistas que se afastam de áreas saturadas e movimentadas para outras mais tranquilas. Essas casas, uma vez colocadas no mercado imobiliário, podem ser alugadas ou adquiridas por pessoas do local, deixando de ser residência secundária para transformar-se em moradia principal.

TABELA 2.8			
1980		**1991**	
+ 1. Mongaguá	68,07%	1. Mongaguá	69,52%
− 2. Praia Grande	66,83%	2. Praia Grande	63,21%
+ 3. Itanhaém	49,47%	3. Itanhaém	56,78%
+ 4. Peruíbe	42,84%	4. Peruíbe	51,84%
+ 5. Caraguatatuba	42,42%	5. Caraguatatuba	50,84%
+ 6. Ubatuba	41,60%	6. Ubatuba	49,46%
+ 7. Águas de São Pedro	40,73%	7. São Sebastião	45,70%
		8. Águas de São Pedro	42,01%
		9. Guarujá	40,29%

---

[9] Pearce (1988:33) observa que "parece haver um limite depois do qual se torna antieconômico investir em acomodações turísticas ocasionais".

Verifica-se que entre 1980 e 1991 ocorre mudança positiva relacionada ao aumento de municípios com índices excepcionais, graças a Guarujá e São Sebastião, que vieram da categoria forte, fato que indica a vitalidade do setor de construção civil no litoral.

A grande concentração de residências secundárias no litoral paulista mostra que ainda permanece acentuada a preferência por locais favorecidos pelo sol e pelo mar. Constitui exceção nesse grupo o município de Águas de São Pedro, que assume posição privilegiada (42,01%), em virtude de três fatores: pequena extensão de seu território, população reduzida (1.697 habitantes) e apenas 604 domicílios, entre os quais, 246 residências secundárias.

ÍNDICES FORTES (20,1% A 40%)

Índices fortes (20% a 40%) aparecem em 5 municípios em 1980 (Tabela 2.9). Destes, São Sebastião e Guarujá passaram para a categoria excepcional e ali aparecem mencionados, e 3 (Ilhabela, Águas de Lindóia e Campos do Jordão) continuam na mesma posição.

TABELA 2.9			
1980		1991	
↑ 1. São Sebastião	33,50%	1. Ilhabela	36,68%
↑ 2. Guarujá	31,23%	2. Iguape	34,91%
+ 3. Ilhabela	29,25%	3. Jarinu	32,88%
+ 4. Águas de Lindóia	23,17%	4. Igaratá	29,84%
+ 5. Campos do Jordão	20,90%	5. Águas de Lindóia	28,73%
		6. Cananéia	26,84%
		7. Juquitiba	20,51%
		8. Campos do Jordão	26,49%
		9. Araçoiaba da Serra	25,80%
		10. Joanópolis	25,02%
		11. Nazaré Paulista	24,06%
		12. Redenção da Serra	22,99%
		13. Ibiúna	22,75%
		14. Itirapina	22,49%
		15. Serra Negra	21,52%
		16. Monteiro Lobato	20,63%
		17. Analândia	20,51%
		18. Pedro de Toledo	20,44%

Em 1991, essa categoria passa a contar com 18 municípios: os 3 já mencionados, 11 que evoluíram da categoria média para forte e 4 que vieram, diretamente, da fraca para a forte, indicando variação positiva surpreendente.

Permaneceram na mesma categoria (mas com elevação do índice) os municípios de Ilhabela, Campos do Jordão e Águas de Lindóia (estâncias hidrominerais), dotados de atrativos específicos (águas minerais) e caracterizados por uma procura tradicionalmente relacionada à proliferação de residências secundárias.

Entre os 11 municípios que mudaram da categoria média, em 1980, para forte, em 1991, aparecem alguns de procura tradicional, como Iguape, Cananéia (no litoral), Serra Negra (estância hidromineral) e Analândia (estância climática); outros estão localizados junto às áreas de proteção oficial ou de rios e represas como Juquitiba, Ibiúna, Nazaré Paulista, além de Araçoiaba da Serra (junto a Sorocaba), Jarinu (perto de Jundiaí), Monteiro Lobato (próximo a São José dos Campos) e Itirapina (junto a Rio Claro). Deste último grupo, todos foram beneficiados pela presença de centros urbanos expressivos.

Foi notável, em 4 municípios, a evolução de índice fraco, em 1980, para forte, em 1991: Monteiro Lobato e Joanópolis, localizados na Serra da Mantiqueira, junto a centros urbanos expressivos do Vale do Paraíba (Caçapava, São José dos Campos e Taubaté, principalmente), não muito distantes da região metropolitana paulista e, além disso, nas proximidades de áreas preservadas; Redenção da Serra e Pedro de Toledo, também favorecidos pela presença de recursos naturais (represas e áreas preservadas) e proximidade urbana, principalmente Taubaté e São Paulo, respectivamente.

ÍNDICES MÉDIOS (10,1% A 20%)

Densidades médias (10,1% a 20%) foram apresentadas por 32 municípios, em 1980 e 56, em 1991 (Tabela 2.10). Nessa categoria, ocorreram grandes alterações. Considerando 1980, permaneceram na mesma categoria 17 municípios; 11 mudaram para a categoria forte e ali aparecem mencionados; e 4 passaram para a categoria fraca (Paulicéia, Pirapora do Bom Jesus, Arujá e Colômbia).

Dos 17 municípios que mantiveram a mesma categoria em 1980 e 1991, 5 apresentaram redução no índice e 12 registraram aumento.

TABELA 2.10

	1980			1991	
−	1. São Vicente	19,63%		1. Mairiporã	19,48%
↑	2. Juquitiba	18,97%		2. Pinhalzinho	18,60%
↑	3. Analândia	18,39%		3. Natividade	18,41%
↑	4. Jarinu	18,38%		4. Águas da Prata	18,20%
↑	5. Igaratá	18,14%		5. São Pedro	18,07%
−	6. Anhembi	18,06%		6. Sarapuí	18,04%
↑	7. Serra Negra	18,05%		7. Monte Alegre do Sul	17,89%
↑	8. Iguape	17,55%		8. Atibaia	17,51%
+	9. Águas da Prata	16,49%		9. São Vicente	17,37%
↓	10. Paulicéia	16,20%		10. Santos	17,12%
↑	11. Nazaré Paulista	16,14%		11. Itupeva	16,91%
+	12. Atibaia	15,60%		12. Anhembi	16,56%
−	13. Rincão	15,39%		13. Rifaina	16,05%
↑	14. Araçoiaba da Serra	15,38%		14. Santa Branca	16,02%
+	15. Mairiporã	15,25%		15. Lindóia	15,62%
+	16. Rifaina	14,27%		16. Salto de Pirapora	15,47%
+	17. Santos	13,87%		17. Águas de Santa Bárbara	15,29%
−	18. Embu-Guaçu	13,66%		18. Guararema	15,24%
−	19. Angatuba	12,86%		19. Santo Antônio do Pinhal	15,10%
+	20. Itupeva	12,45%		20. Santa Isabel	14,82%
↓	21. Pirapora do Bom Jesus	12,26%		21. Lagoinha	14,44%
↓	22. Arujá	11,76%		22. Salesópolis	14,41%
+	23. Natividade da Serra	11,42%		23. Piracaia	14,41%
+	24. Monte Alegre do Sul	11,35%		24. Bofete	14,09%
+	25. Sarapuí	11,26%		25. Bom Jesus dos Perdões	14,05%
↑	26. Cananéia	11,22%		26. Pereiras	13,97%
+	27. São Pedro	11,16%		27. Santa Maria da Serra	13,91%
+	28. São Roque	11,12%		28. Paraibuna	13,84%
↑	29. Ibiúna	10,72%		29. Jambeiro	13,74%
+	30. São José do Barreiro	10,64%		30. São Roque	13,74%
↓	31. Colômbia	10,15%		31. São José do Barreiro	13,63%
↑	32. Itirapina	10,02%		32. Porangaba	13,58%
				33. São Luís do Paraitinga	13,32%
				34. Iperó	13,06%
				35. Mira Estrela	13,03%
				36. Santa Cruz da Conceição	12,84%
				37. Ipeúna	12,28%
				38. Corumbataí	12,06%
				39. Vargem Grande Paulista	11,99%
				40. Itatiba	11,91%
				41. Rubinéia	11,86%
				42. Embu-Guaçu	11,85%
				43. Biritiba-Mirim	11,72%
				(Continua)	

TABELA 2.10 (Cont.)	
1980	1991
	44. Angatuba — 11,52%
	45. Mairinque — 11,36%
	46. Florínea — 11,29%
	47. Boituva — 11,23%
	48. Rincão — 11,09%
	49. Cabreúva — 11,06%
	50. Socorro — 10,83%
	51. Vinhedo — 10,48%
	52. Pilar do Sul — 10,40%
	53. Itariri — 10,10%
	54. Arandu — 10,07%
	55. Arealva — 10,07%
	56. Cristais Paulista — 10,05%

Reduziram a porcentagem os municípios de Angatuba, Anhembi, Embu-Guaçu, Rincão e São Vicente.

O município de Angatuba apresenta uma falsa posição quanto à participação de residências secundárias, pois teria apenas 7,63% (índice fraco), se fosse considerada a emancipação política da Campina do Monte Alegre, ocorrida em data posterior ao censo. Esta, então distrito de Angatuba, considerada isoladamente como será feito de agora em diante, teria 25% (índice forte) de residências secundárias no conjunto de domicílios.

A redução que se verifica em Anhembi, município situado junto a Piracicaba, assim como em Embu-Guaçu, na região metropolitana de São Paulo, pode ser explicada pela expansão urbana que acabou transformando residências secundárias em permanentes, embora esses municípios ainda tenham porcentagens médias, que não podem ser desconsideradas.

O município de Rincão, próximo a Araraquara, continua com índice médio, mas pode, também, estar sofrendo influência da urbanização crescente que ocorre naquela área, o que explicaria a redução de residências secundárias.

São Vicente há muito tempo vem apresentando transformação das residências secundárias em permanentes, em virtude de turistas que se aposentam e para lá se mudam definitivamente. Trata-se de um emissor-receptor que conta com mais de 100.000 habitantes. Além disso, o espaço junto ao mar já está saturado e não comporta a ampliação do parque imobiliário, hoje constituído predominantemente por apartamentos de reduzidas dimensões. O espaço restante, desocupado, está longe da praia e, portanto, do atrativo principal desse município.

Entre os municípios que mantiveram a categoria média, porém registrando aumento de porcentagem, incluem-se Águas da Prata, Atibaia, Monte Alegre do Sul, estâncias hidrominerais de atrativos específicos; São Pedro e São Roque, estâncias turísticas; Rifaina, situado às margens do Rio Grande, próximo de Franca, que vem se firmando como núcleo turístico graças à represa e às praias que ali se formaram; Natividade da Serra, localizado às margens da represa formada pelos rios Paraitinga e Paraibuna, e São José do Barreiro, porta de entrada para o Parque Nacional da Serra da Bocaina, ambos no Vale do Paraíba Paulista; Sarapuí, também junto a represas, localizado entre Sorocaba e Itapetininga; e Santos que também apresenta falsa posição nessa categoria, pois, se fosse considerada a emancipação de Bertioga (ocorrida após o censo de 1991), teria apenas 13,91% de residências secundárias[10].

Passaram para a categoria fraca, acusando, portanto, redução do índice, 4 municípios: Paulicéia, próximo a Andradina, um dos municípios lindeiros do Rio Paraná; Pirapora do Bom Jesus e Arujá, localizados na região metropolitana de São Paulo, que representam o caso da expansão urbana, já tão conhecida, alcançando áreas de segundas residências que, no futuro, tendem a desaparecer; e Colômbia, próximo a Barretos e situado às margens do Rio Grande que constitui, hoje, um dos terminais intermodais de ponta do sistema de transporte do Estado de São Paulo, o que, sem dúvida, tem contribuído para reduzir a atratividade do local como reduto de residências secundárias.

Em 1991, a categoria média (10,1% a 20%) passou a contar com 56 municípios: 17 permaneceram na mesma categoria; 28 vieram da categoria fraca; 10 passaram diretamente da incipiente para a média; 1 (Vargem Grande Paulista) não tinha residências secundárias em 1980.

Entre os municípios que permaneceram na mesma categoria, mas aumentaram a participação de residências secundárias no conjunto dos domicílios, aparecem Lagoinha, Paraibuna, Jambeiro e São Luís do Paraitinga, no Vale do Paraíba Paulista, próximo a emissores importantes e não muito distantes do litoral e de São Paulo; Guararema, Santa Isabel, Salesópolis e Biritiba-Mirim, na região metropolitana de São Paulo, firmando-se como área de fronteira de residências secundárias entre a capital e o Vale do Paraíba; Lindóia e Socorro, de atrativos específicos e procura tradicional, e Águas de Santa Bárbara, recentemente objeto de campanhas de *marketing*,

---

[10] Bertioga, distrito de Santos até a sua emancipação político-administrativa, contava com um índice de 63,23%, o que o coloca como excepcional e segundo colocado (após Mongaguá) no Estado de São Paulo, considerando a participação no total de domicílios.

na capital paulista, em torno de seus atrativos (fontes hidrominerais), equipamentos, serviços e oferta de terrenos a baixo custo; Piracaia e Bom Jesus dos Perdões, em região de montanha, assim como Santa Cruz da Conceição, Corumbataí e Arandu, em áreas de serras e represas, além de Rubinéia, junto à represa do Rio Paraná, comprovam a procura por atrativos naturais; o mesmo pode ser dito em relação a Boituva, Iperó e Bofete, que aliam esses atrativos à presença de facilidades de transporte representada pela Rodovia Castelo Branco; Pereiras, Cabreúva, Cristais Paulista e Mairinque desfrutam das vantagens de proximidade geográfica de centros urbanos expressivos.

Foi notável a evolução da categoria incipiente para a média de municípios que têm como atrativos recursos naturais básicos (serras, represas), como é o caso de Santa Maria da Serra, Salto de Pirapora, Ipeúna (próximo a Rio Claro), Florínea (próximo a Assis), Mira Estrela (junto ao Rio Grande), Arealva (perto de Bauru) e daqueles que acrescentam as facilidades de transporte à localização junto aos centros urbanos expressivos, como acontece com Porangaba, Itatiba, Vinhedo, Pilar do Sul e Itariri.

ÍNDICES FRACOS (5,1% A 10%)

Em 1980, 55 municípios apresentaram índices fracos. Destes, 28 passaram para a categoria média e 4 para a forte, na qual foram analisados; 2 municípios passaram para a categoria incipiente (Ribeirão Pires, situado na região metropolitana de São Paulo, e Luís Antônio, próximo a Ribeirão Preto); os 21 restantes permaneceram na categoria fraca e serão analisados com os dados de 1991 (Tabela 2.11).

TABELA 2.11			
1980		1991	
− 1. Santana de Parnaíba	9,80%	1. Pedra Bela	9,69%
↑ 2. Guararema	9,58%	2. Mineiros do Tietê	9,79%
↑ 3. Santa Isabel	9,30%	3. Miracatu	9,74%
↑ 4. Lindóia	9,17%	4. Jaguariúna	9,72%
↑ 5. Pedro de Toledo	9,03%	5. Paulicéia	9,69%
↑ 6. Monteiro Lobato	8,98%	6. Cássia dos Coqueiros	9,67%
↑ 7. Lagoinha	8,82%	7. Capela do Alto	9,64%
↑ 8. Jambeiro	8,79%	8. Patrocínio Paulista	9,60%
+ 9. Jaguariúna	8,45%	9. Cesário Lange	9,58%
↑ 10. São Luís do Paraitinga	8,26%	10. Tapiraí	9,45%
			(Continua)

TABELA 2.11 (Cont.)

1980		1991	
↑ 11. Salesópolis	8,22%	11. Cunha	9,43%
↑ 12. Pereiras	8,10%	12. Guaraci	9,42%
↑ 13. Cabreúva	8,06%	13. Avaí	9,15%
+ 14. Tapiraí	7,98%	14. Pirapora do Bom Jesus	9,09%
↑ 15. Corumbataí	7,89%	15. Guareí	8,99%
– 16. Campo Limpo Paulista	7,84%	16. Paranapanema	8,98%
↑ 17. Pinhalzinho	7,75%	17. Brotas	8,90%
↑ 18. Águas de Santa Bárbara	7,57%	18. Bananal	8,90%
↑ 19. Joanópolis	7,41%	19. Piedade	8,84%
↑ 20. Redenção da Serra	7,25%	20. São Bento do Sapucaí	8,76%
+ 21. Miracatu	7,01%	21. Ibirá	8,71%
↑ 22. Cristais Paulista	6,98%	22. Itaí	8,58%
↑ 23. Santa Branca	6,98%	23. Dois Córregos	8,58%
+ 24. Cesário Lange	6,94%	24. Tietê	8,43%
↑ 25. Arandu	6,93%	25. Lavrinhas	8,30%
↑ 26. Iperó	6,76%	26. Serra Azul	7,91%
↑ 27. Boituva	6,74%	27. Altinópolis	7,78%
↑ 28. Santa Cruz da Conceição	6,63%	28. Morungaba	7,72%
+ 29. São Bento do Sapucaí	6,54%	29. São Simão	7,65%
+ 30. Itaí	6,51%	30. Colômbia	7,61%
+ 31. Tietê	6,35%	31. Castilho	7,60%
↑ 32. Mairinque	6,34%	32. Salto Grande	7,54%
+ 33. Laranjal Paulista	6,26%	33. Itapura	7,53%
+ 34. Lavrinhas	6,24%	34. Areias	7,49%
– 35. Itapecerica da Serra	6,14%	35. Óleo	7,42%
↑ 36. Bofete	6,10%	36. Itaju	7,36%
+ 37. Valinhos	6,06%	37. Bragança Paulista	6,75%
↑ 38. Santo Antônio do Pinhal	6,04%	38. Santana de Parnaíba	7,15%
↑ 39. Piracaia	5,98%	39. Laranjal Paulista	7,15%
+ 40. Cunha	5,96%	40. Monte Mor	7,13%
↑ 41. Bom Jesus dos Perdões	5,90%	41. Iporanga	7,10%
↑ 42. Rubinéia	5,89%	42. Marabá Paulista	7,04%
– 43. Cotia	5,83%	43. Silveiras	6,99%
+ 44. Monte Mor	5,73%	44. Juquiá	6,99%
↓ 45. Luís Antônio	5,57%	45. Santo Antônio da Alegria	6,97%
↑ 46. Itariri	5,55%	46. Tejupá	6,97%
↑ 47. Paraibuna	5,40%	47. Porto Feliz	6,94%
↑ 48. Biritiba-Mirim	5,35%	48. Ribeira	6,93%
↓ 49. Ribeirão Pires	5,34%	49. Louveira	6,86%
+ 50. Bananal	5,32%	50. Boracéia	6,75%
+ 51. Capela do Alto	5,27%	51. Arujá	6,69%
+ 52. Brotas	5,27%	52. Charqueada	6,59%
+ 53. Louveira	5,17%	53. Martinópolis	6,54%
		(Continua)	

TABELA 2.11 (Cont.)	
1980	**1991**
+ 54. Juquiá 5,14%	54. Valinhos 6,52%
↑ 55. Socorro 5,07%	55. Iacanga 6,49%
	56. Santo Antônio da Posse 6,47%
	57. Sales 6,45%
	58. Miguelópolis 6,43%
	59. Campo Limpo Paulista 6,40%
	60. Restinga 6,36%
	61. Jardinópolis 6,24%
	62. Pardinho 6,23%
	63. Santa Rita do Passa Quatro 6,21%
	64. Mombuca 6,21%
	65. Santa Clara do Oeste 6,18%
	66. Itu 6,17%
	67. Sabino 6,17%
	68. Indiaporã 6,17%
	69. Botucatu 6,09%
	70. Tatuí 5,96%
	71. Cajuru 5,94%
	72. Panorama 5,94%
	73. Amparo 5,69%
	74. Lutécia 5,68%
	75. Ribeirão Corrente 5,65%
	76. São Miguel Arcanjo 5,64%
	77. Buri 5,63%
	78. Itapuí 5,60%
	79. Dourado 5,60%
	80. Cardoso 5,58%
	81. Orindiúva 5,56%
	82. Itapecerica da Serra 5,55%
	83. Populina 5,51%
	84. Cerqueira César 5,48%
	85. Uru 5,47%
	86. Ribeirão Preto 5,32%
	87. Guapiaçu 5,30%
	88. Barrinha 5,29%
	89. Bady Bassit 5,25%
	90. Conchas 5,22%
	91. Santa Albertina 5,19%
	92. São José da Boa Vista 5,15%
	93. Cotia 5,13%
	94. Guapiara 5,13%
	95. Timburi 5,12%
	96. Neves Paulista 5,10%

No último censo, aparecem 97 municípios com índices fracos: 21 permaneceram nessa categoria; 4 vieram da categoria média, na qual foram analisados; 71 tiveram seus índices aumentados de incipiente para fraco; 1 município (Orindiúva) não tinha residência secundária, em 1980.

Entre os 21 municípios que permaneceram na categoria fraca, aparecem Santana de Parnaíba, Campo Limpo Paulista, Cotia e Itapecerica da Serra, que vêm apresentando redução do índice devido à proximidade urbana e à expansão desses municípios. Os 17 restantes compreendem municípios que podem vir a perder a condição de reduto de residência secundária pela mesma razão antes assinalada (Valinhos e Louveira, por exemplo) e municípios que apresentam crescimento (embora continuem fracos) como, por exemplo, São Bento do Sapucaí e Tietê, além de outros que também estão-se definindo como áreas de concentração de residências secundárias.

É surpreendente o número de municípios que tiveram seu índice aumentado de incipiente para fraco. Entre estes 71 municípios, aparecem Pedra Bela e Mineiros do Tietê, que registraram aumento notável, quase passando para a categoria forte; outros de procura tradicional, como Amparo e Ibirá que mostram uma retomada de crescimento no que se refere às residências secundárias; assim como acontece com Areias, Cunha e Bananal, no Vale do Paraíba Paulista. Predominam nesse grupo municípios que vêm-se definindo como redutos de residências secundárias, principalmente a partir de 1980, ou seja, aqueles em que essa forma de alojamento começa a ser expressiva.

ÍNDICES INCIPIENTES (ATÉ 5%)

Em 1980, conforme o censo demográfico, 468 municípios do Estado de São Paulo (81,82%) apresentavam índices incipientes de residências secundárias. No censo seguinte, esses valores foram reduzidos para 392 (68,53%), indicando, mais uma vez, aumento da opção por essa forma de alojamento turístico.

Esta análise detalhada, por municípios, registra variações entre os dois censos e pressões espaciais que podem provocar repercussões negativas ou positivas nas comunidades receptoras. A verificação dessas repercussões, entretanto, só poderá ser feita se for conhecida a amplitude do fenômeno. Revelar a dimensão e a expressividade das residências secundárias em cada município é um dos objetivos deste trabalho. Na prática, este estudo poderá oferecer subsídios para a adoção de medidas restritivas, capazes de controlar a expansão ou, caso haja interesse, oferecer informações para os que pretendem estimular o desenvolvimento do turismo apoiado em residências secundárias.

3

GRUPOS DE EMISSORES EXPRESSIVOS NO ESTADO DE SÃO PAULO

RELAÇÃO COM ÁREAS POPULOSAS E DESENVOLVIDAS

A maioria dos autores evidencia a relação que existe entre os pontos de origem da demanda por residências secundárias e as áreas populosas e desenvolvidas. Estas coincidem com centros urbanos, freqüentemente industrializados, que concentram altos índices de renda e um contingente populacional que desfruta de conquistas sociais que lhes garantem disponibilidade financeira e maior extensão do tempo livre. Evidentemente, tais condições estendem-se a vários centros urbanos, diferenciados quanto ao nível de desenvolvimento, abrangendo, portanto, desde áreas complexas e conurbadas até núcleos de menor expressão.

Ocupando 2,92% do território nacional, o Estado de São Paulo concentra 21,47% da população brasileira e identifica-se como a área mais desenvolvida do país, onde a industrialização, o comércio, os serviços e a agropecuária alcançaram expressão máxima, refletidos nos elevados índices de renda, na densa rede de transportes e nos altos coeficientes de eletrificação urbana e rural, além de ser o Estado que apresenta a melhor e a maior rede de telecomunicações do país (IBGE, 1991:16).

No Estado de São Paulo, o sistema urbano, que reflete esse desenvolvimento, é "comandado por uma região metropolitana que, em termos de tamanho e complexidade, é a maior da América do Sul ... Hierarquicamente, a rede possui dois centros categorizados como submetropolitanos: Campinas (846.434 habitantes) e Ribeirão Preto (436.122 habitantes), que se comportam como metrópoles em suas respectivas áreas... Este sistema urbano se completa com uma rede de 12 capitais regionais" (IBGE, 1991:16-7) e outros centros menores que constituem núcleos de desenvolvimento econômico.

Conforme Souza, "... a distribuição territorial da urbanização vai se consolidando a partir da região metropolitana de São Paulo em direção ao Vale do Paraíba e regiões de Campinas, Ribeirão Preto e Sorocaba, com taxas superiores a 90%... As transformações pelas quais passa a economia paulista são, também, reveladas nas regiões do Estado onde as mais baixas taxas de urbanização estão entre 60% e 70%" (Souza, 1990:59).

No Estado de São Paulo, a intensa urbanização ocorrida nos anos 70, seguida do início da interiorização, em 1980, e que, posteriormente, ganha impulso, pode explicar essas elevadas taxas de urbanização a que se refere Souza.

Os espaços urbanizados do território paulista, muitas vezes conurbados, compreendem áreas populosas, algumas das quais com densidades demográficas elevadas, como ocorre na região metropolitana de São Paulo. Com efeito, o censo de 1991 registra 19 municípios paulistas com mais de 250 mil habitantes, 30 que têm entre 100 mil e 250 mil, e 47 que contam com população entre 50 mil e 100 mil habitantes. Entre estes, aparecem 24 municípios com densidades demográficas superiores a 1.000 hab./km^2, dos quais 7 estão localizados na região metropolitana de São Paulo e contam com índices extremamente elevados entre 5.541 e 12.711 hab./km^2 (IBGE,1991:46-92).

Não é por acaso que esse Estado detém os mais significativos valores absolutos de residências secundárias no Brasil (459.597), o que corresponde a 27,32% do total brasileiro.

No Sudeste do Brasil, o Estado de São Paulo destaca-se, também, pela participação regional dessa forma de alojamento turístico, correspondente a 52,28%, enquanto o Rio de Janeiro, segundo colocado, conta com 214.185 residências secundárias (24,36% da região); Minas Gerais e Espírito Santo aparecem, respectivamente, com 19,06% e 4,30%.

O elevado nível de desenvolvimento do Estado explica a participação das residências secundárias no total de domicílios (4,84%), no que é superado por Santa Catarina (7,30%), Rio Grande do Sul (5,68%), Rio de Janeiro (5,16%) e Espírito Santo (5%).

A distribuição de residências secundárias no território paulista reflete seu intenso desenvolvimento urbano, polarizado pela região metropolitana de São Paulo, que alcança o interior. De modo geral, áreas de concentração de residências secundárias aparecem intercaladas com manchas de índices incipientes (até 5%), assinaladas pela presença dos mais expressivos centros populacionais do Estado com valores que, na maioria das vezes, superam 100 mil habitantes. Com exceção de Araçatuba, não há, em 1991, um único município com mais de 40 mil habitantes que não tenha, em suas proximidades, áreas definidas de residências secundárias.

Admite-se, portanto, que existe uma relação entre emissores e centros urbanos desenvolvidos, em torno dos quais se definem os receptores.

Os termos emissor e receptor, de uso corrente em estudos de turismo, foram empregados, nesta pesquisa, em seu sentido amplo, atribuídos, respectivamente, aos pontos de origem da demanda por residências secundárias e às áreas de destino onde essa forma de alojamento tem alguma expressão.

Para identificar emissores expressivos foi preciso estabelecer um critério que permitisse sua localização e explicação e, ao mesmo tempo, separá-los dos receptores, bem como compreender a estrutura e o funcionamento dos conjuntos formados. A tarefa revelou-se muito complexa em virtude do grande número de variáveis envolvidas. Entendendo-se, porém, que a população de um município reflete, de certa forma, a urbanização e o desenvolvimento econômico e que as áreas de grande pressão populacional são as mais afetadas pelo "estresse" urbano que concorre para a fuga dos grandes centros, optou-se por esta variável (população) como ponto de partida para localizar e identificar prováveis emissores da demanda por residências secundárias no Estado de São Paulo.

Os objetivos desta análise são, portanto, definir emissores expressivos considerando população, proximidade geográfica, características do desenvolvimento econômico e, quando necessário, suas conseqüências (urbanização, transporte etc.); e mostrar a dinâmica dos grupos emissores em função de eventuais reduções e aumentos de índices de residências secundárias em seu interior. Embora a análise procure, também, identificar os receptores, estes serão objeto de análise detalhada no item correspondente.

O primeiro passo foi estabelecer um limite, abaixo do qual o município não pudesse ser considerado emissor expressivo. O mapeamento sucessivo de categorias diferenciadas da população mostrou que abaixo de 40 mil habitantes começam a aparecer alguns municípios que detêm concentração de residências secundárias e que são empiricamente conhecidos como redutos de turismo de fim de semana e não como emissores. Apesar desse problema, o limite em questão foi considerado, pois nele também estão compreendidos centros urbanos menores que podem se caracterizar como emissores. Nesse caso, a identificação como emissor ou receptor será feita em momento apropriado.

O procedimento seguinte consistiu na separação dos municípios do Estado de São Paulo em dois grandes grupos: os municípios com índices incipientes (até 5%) de residências secundárias e os demais (fracos, médios, fortes e excepcionais). Essa separação ampla definiu categorias conforme a expressividade ou não dessa forma de alojamento turístico. Todavia, verificou-se que na primeira categoria aparecem centros menos expressivos que não são emissores, porque têm menos de 40 mil habitantes, nem receptores, porque têm índices incipientes de residências secundárias. Observou-se também que, entre os municípios com índices superiores a 5% de residências secundárias, existem os que têm população superior a 40 mil habitantes, apresentam indicadores de desenvolvimento econômico e caracterizam-se, ao mesmo tempo, como emissores e receptores.

Foram identificadas, portanto, quatro categorias que serão objeto de análise:

1. Municípios com mais de 5% de residências secundárias e população inferior a 40 mil habitantes (receptores).

2. Municípios com menos de 5% de residências secundárias e população inferior a 40 mil habitantes (não são receptores nem emissores).
3. Municípios com mais de 5% de residências secundárias e população superior a 40 mil habitantes (emissores-receptores).
4. Municípios com menos de 5% de residências secundárias e população superior a 40 mil habitantes (emissores expressivos).

Em uma abordagem ampla, essas categorias constituem, respectivamente: receptores, não-receptores e tampouco emissores significativos, emissores-receptores e emissores expressivos.

De modo geral, essas categorias que mostram origem-destino aparecem distribuídas no território paulista em forma de manchas, concentradas ou difusas, conforme a população, a urbanização e o desenvolvimento econômico (Figura 3.1).

Na primeira categoria, aparecem os municípios com mais de 5% de residências secundárias e população inferior a 40 mil habitantes, que podem ser considerados receptores. Correspondem aos municípios com índices variados de residências secundárias, na maioria das vezes oscilando entre o fraco e o médio, chegando, em alguns casos, a alcançar índices fortes, porém nunca excepcionais[1].

A distribuição espacial dessa categoria é intercalada por manchas correspondentes a centros emissores-receptores e aos que são apenas emissores, sendo, muito raramente, interrompida por municípios que não são receptores nem emissores.

A partir do litoral, essa categoria se espalha em todas as direções. No interior, prolonga-se até uma linha-limite que, se não fosse interrompida por Descalvado, poderia ser traçada, de modo contínuo entre Franca e Avaré, passando por Ribeirão Preto, São Carlos, Jaú e Lençóis Paulista. No sul do Estado, essa área de concentração de residências secundárias insinua-se entre Ourinhos e Avaré, prolonga-se no rumo de Itapeva, Itapetininga, Capão Bonito e Registro e envolve Sorocaba. Aparece, ainda, circundando a conurbação São Paulo-Jundiaí, alcança Águas de Lindóia e, no Vale do Paraíba Paulista, estende-se ao longo do núcleo formado por São José dos Campos, Caçapava, Taubaté, Guaratinguetá, Lorena e Cruzeiro.

No restante do território paulista, ao contrário, as residências secundárias aparecem distribuídas de modo irregular e difuso, como se fossem "ilhas", entre municípios que não têm essa forma de alojamento turístico desenvolvida. A relação entre emissores e receptores é, nesse caso, muito

---

[1] Exceção feita a Águas de São Pedro, conforme menção anterior.

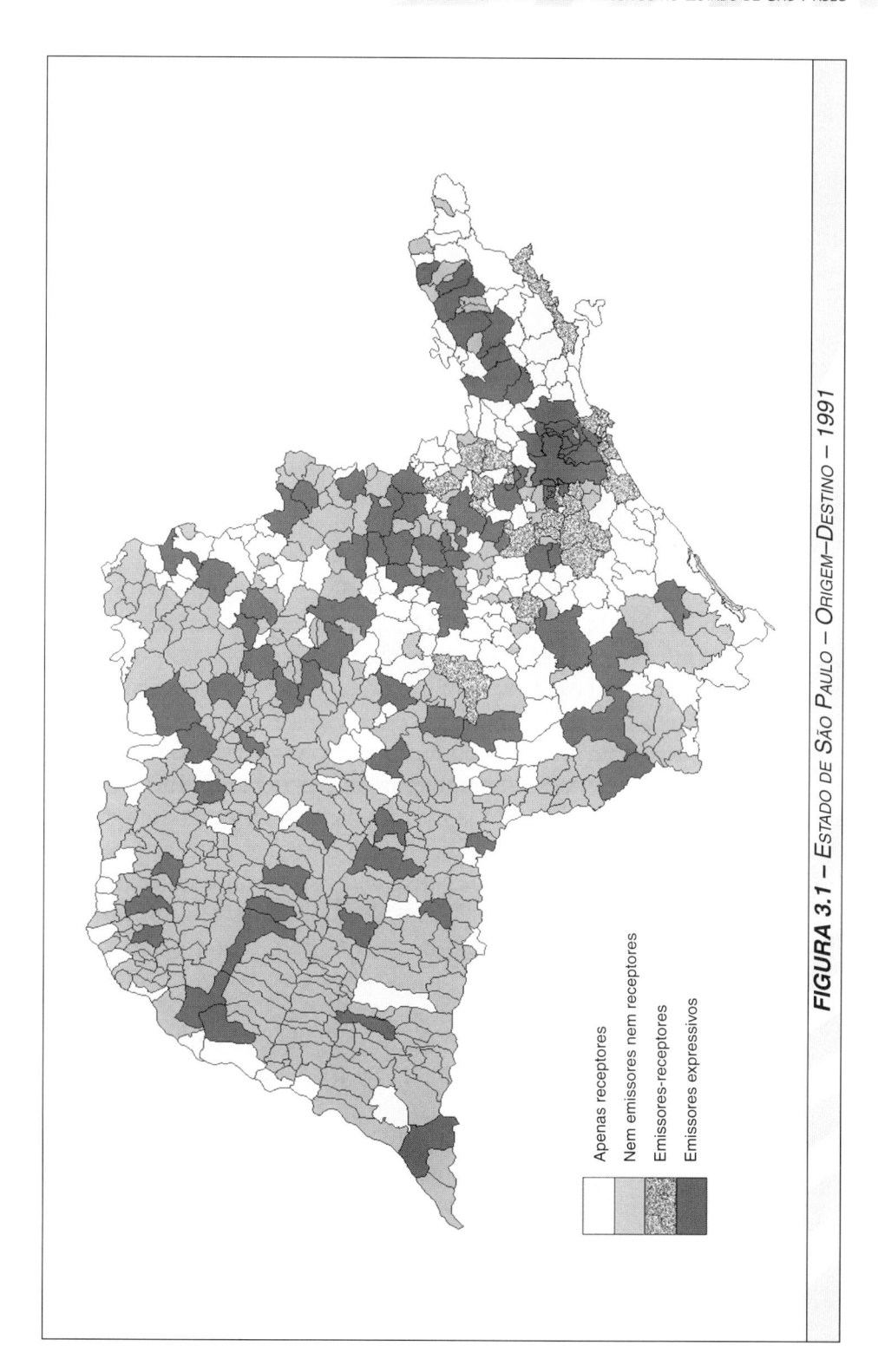

FIGURA 3.1 – ESTADO DE SÃO PAULO – ORIGEM–DESTINO – 1991

Apenas receptores
Nem emissores nem receptores
Emissores-receptores
Emissores expressivos

nítida. Percebem-se, claramente, as ligações já definidas anteriormente, na análise da distribuição das manchas difusas de residências secundárias, após a mencionada linha-limite, e nas proximidades de municípios com população superior a 40 mil habitantes.

Municípios com menos de 5% de residências secundárias e população inferior a 40 mil habitantes constituem os que não se destacam como emissores expressivos e tampouco são receptores. Agrupam-se em uma vasta mancha que recobre a maior parte do interior paulista de norte a sul (do Rio Grande ao Paranapanema e no extremo sul do Estado) e de leste a oeste (cuja fronteira é definida pela linha-limite e o Rio Paraná). Manchas de tamanhos variados aparecem entre Registro e Capão Bonito; no extremo do Vale do Paraíba Paulista; entre Mococa e São José do Rio Pardo e Pirassununga; pequenas e esparsas perto da região metropolitana de São Paulo e Campinas-Piracicaba.

Esse grupo é constituído por municípios com população entre 700 e 40 mil habitantes, que não se enquadram como emissores expressivos nem como receptores. Convém, entretanto, ressaltar dois aspectos: em alguns deles, como já constou no detalhamento por municípios, o índice de residências secundárias vem se elevando. Em Descalvado, Casa Branca, Monte Mor, Apiaí, Piquete e Cachoeira Paulista, entre outros, esse índice chega a ficar muito próximo do limite mínimo estipulado. Da mesma forma, o aumento da população e o desenvolvimento econômico futuro ou atual concorrem para alterar as características desses municípios que poderão definir-se como emissores ou como receptores ou, ainda, mudar de categoria conforme as circunstâncias do momento.

Municípios com mais de 5% de residências secundárias e mais de 40 mil habitantes são os que podem ser considerados emissores-receptores.

Entre os municípios que reúnem condições para serem classificados nessa categoria aparecem:

- no litoral: Santos e São Vicente (com mais de 250 mil habitantes), Guarujá e Praia Grande (100 mil a 250 mil), Caraguatatuba (50 mil a 100 mil), Ubatuba e Itanhaém (40 mil a 50 mil);
- no interior: Botucatu, Tatuí e Amparo (50 mil a 100 mil habitantes), Itu e Bragança Paulista (100 mil a 250 mil);
- no entorno da região metropolitana de São Paulo que se liga a Jundiaí e interpondo-se entre esta e as áreas de Campinas e Sorocaba, aparecem Itapecerica da Serra, São Roque, Valinhos, Itatiba, Atibaia (50 mil a 100 mil habitantes), Cotia (100 mil a 250 mil), Piedade, Ibiúna, Mairinque e Campo Limpo Paulista (40 mil a 50 mil).

A análise mostra que as explicações para essa condição podem ser muito variadas. Em alguns casos, trata-se de municípios urbanizados que, há muito, se definiram como áreas de residências secundárias (receptores) e cujo desenvolvimento concorreu para transformá-los em emissores-receptores. Dessa forma, embora ainda continuem como redutos de residências secundárias, em virtude da presença de atrativos tradicionais e consolidados, além da proximidade de grandes centros urbanos, também apresentam condições que os qualificam como emissores. Às vezes, a urbanização pode, até mesmo, ser uma repercussão espacial do turismo de fim de semana associado às residências secundárias ou a outra forma de alojamento turístico derivada da necessidade de serviços para atender à demanda, como ocorreu em Praia Grande.

Esse efeito é mais acentuado quando atividades econômicas mais significativas se sobrepõem ao turismo. Santos constitui um exemplo dessa situação.

Outras vezes, o município é alcançado pela urbanização e esta liga-se a sua própria expansão, constituindo o fenômeno da coalescência. Um indício dessa situação, muito difundido na região metropolitana de São Paulo, é a redução na participação de residências secundárias, conforme vem-se verificando em Cotia, Itapecerica da Serra, Santana de Parnaíba, Pirapora do Bom Jesus, Arujá e em Valinhos, próximo a Campinas.

Resta, porém, outra questão: existem municípios populosos cujo número de residências secundárias vem aumentando, como ocorre em Botucatu e Tatuí (50 mil a 100 mil habitantes), fato que pode ser explicado pela proximidade de centros emissores expressivos ou pela qualidade dos atrativos.

Convém, ainda, ressaltar que essa categoria (emissor-receptor) aparece apenas nos espaços mais desenvolvidos do Estado de São Paulo, nunca ultrapassando a linha-limite, já referida, além da qual predominam municípios que não se caracterizam como emissores e tampouco como receptores. Esse fato comprova, mais uma vez, a relação das residências secundárias com áreas desenvolvidas.

Municípios com menos de 5% de residências secundárias e população superior a 40 mil habitantes foram considerados emissores expressivos ou pontos de origem da demanda por essa forma de alojamento. Correspondem aos centros urbanos cujo grau de importância foi definido, nesta pesquisa, pela expressividade do contingente populacional. Aparecem distribuídos no território paulista em manchas isoladas ou constituindo áreas conurbadas, tendo sempre, em suas proximidades, municípios com porcentagens expressivas de residências secundárias (exceto Araçatuba).

Deve ser esclarecido, porém, que esses grupos de emissores serão analisados separadamente e indicados pelo nome do município mais populoso. Tal análise, que tem por objetivo identificar emissores expressivos da demanda por residência secundária, não corresponde às divisões propostas para fins administrativos e censitários. Os agrupamentos de emissores, que evidenciam aspectos do desenvolvimento regional, estão apoiados na contigüidade espacial, uma vez que foram excluídos os municípios que não apresentavam as características necessárias para sua inclusão nessa categoria.

Mais uma vez, convém destacar que o objetivo desta análise é identificar emissores expressivos, considerando, além dos outros fatores mencionados, a presença de residências secundárias no seu entorno como expressão do turismo de fim de semana. É claro que existem municípios menos populosos que também podem ser emissores, embora menos expressivos, que não serão contemplados nesta análise.

Foram definidos os seguintes grupos:

- **Emissores expressivos principais**
  - São Paulo
  - Campinas
  - São José dos Campos
  - Sorocaba

- **Emissores expressivos secundários**
  - Ribeirão Preto
  - Araraquara
  - Itapetininga
  - São José do Rio Preto
  - Bauru
  - Araçatuba
  - Presidente Prudente
  - Marília
  - Registro

EMISSORES EXPRESSIVOS PRINCIPAIS

Grupo São Paulo

Além da capital, esse conjunto, muito bem definido, é integrado por Jundiaí, Guarulhos, Mogi das Cruzes, Carapicuíba, Osasco, Santo André, Mauá, Diadema, São Bernardo do Campo (com mais de 250 mil habitantes),

Itaquaquecetuba, Suzano, Barueri, Taboão da Serra, Embu, Itapevi, São Caetano (100 mil a 250 mil habitantes), Várzea Paulista, Francisco Morato, Franco da Rocha, Ferraz de Vasconcelos, Poá, Jandira e Ribeirão Pires (50 mil a 100 mil habitantes).

Polarizado por São Paulo, esse conjunto de municípios caracteriza-se pelo extraordinário desenvolvimento econômico e por constituir uma enorme aglomeração urbana, servida por um sistema de transportes que, a partir da capital, se irradia em todas as direções. Nesse espaço, portanto, estão reunidas todas as condições que definem um emissor, o que justifica a presença do cinturão de residências secundárias no seu entorno, recuando ou transformando-se, conforme a marcha da urbanização, que também responde, com a tecnologia dos transportes, pela expansão de novas áreas alcançadas pelo turismo de fim de semana.

Grupo Campinas

Situado junto a São Paulo, este grupo é formado por um extenso conjunto de emissores, interrompido por municípios que não são emissores nem receptores. Embora se apresente bem definido no limite com o grupo São Paulo, o mesmo não acontece na fronteira com o emissor Ribeirão Preto, ao qual Campinas está ligado por Descalvado. Todavia, esses núcleos unidos foram considerados separadamente, pois o crescimento do índice de residências secundárias em Descalvado leva a supor que exista uma tendência em sua transformação para receptor, o que, de fato, desligaria os núcleos de Campinas e Ribeirão Preto. Ao norte de Campinas, o conjunto é interrompido por municípios que não são receptores nem emissores, resultando no aparecimento do núcleo Mococa-São José do Rio Pardo. Estes serão entendidos como parte de Campinas, em virtude do afastamento em relação a Ribeirão Preto e também da disposição da malha viária que liga Mococa-São José do Rio Pardo ao núcleo campineiro.

Integram esse grupo de emissores os municípios de Campinas, Piracicaba (mais de 250 mil habitantes), Indaiatuba, Sumaré, Santa Bárbara do Oeste, Americana, Limeira, Rio Claro, Mogi-Guaçu (100 mil a 250 mil), Salto, Mogi-Mirim, Itapira, Araras, Leme, Pirassununga (50 mil a 100 mil) e São José do Rio Pardo (40 mil a 50 mil).

Esse bloco inclui municípios muito desenvolvidos os quais, no conjunto do território paulista, integram o *continuum* urbano que abrange desde Santos até Ribeirão Preto. Essa urbanização decorre do crescimento populacional e industrial e do desenvolvimento de atividades econômicas diversificadas (IBGE, 1991:22).

O desenvolvimento dessa área, sobretudo da região de Campinas, foi favorecido pelo processo de interiorização industrial no Estado de São Paulo, "estimulado pela saturação do espaço metropolitano e pela política governamental de descentralização como, também, pelas excelentes condições de acessibilidade viabilizadas por grandes investimentos feitos em infra-estrutura e pela presença de centros urbanos bem equipados" (IBGE, 1991:23).

Grupo São José dos Campos

São José dos Campos (mais de 250 mil habitantes) com Jacareí, Taubaté, Pindamonhangaba, Guaratinguetá (100 mil a 250 mil), Lorena, Cruzeiro e Caçapava (50 mil a 100 mil) constituem os principais emissores do Vale do Paraíba Paulista. Esse grupo apresenta-se separado tanto de São Paulo como de Campinas por uma faixa de residências secundárias, com índices entre fraco e excepcional, que se alarga ao longo do Vale do Paraíba e alcança o litoral.

Atualmente, esse conjunto é marcado pela atividade pecuária, reestruturada em algumas áreas e pelo desenvolvimento de diversas cidades e aglomerações urbanas, resultante do processo de industrialização ocorrido após os anos 70. Cabe a São José dos Campos o comando da vida de relações de todo o Vale do Paraíba Paulista (IBGE, 1991:22). A expansão da região aparece associada à principal artéria de comunicação entre São Paulo e Rio de Janeiro (IBGE, 1991:27). Entretanto, é o aperfeiçoamento de outras vias de transporte que explica o estabelecimento e o crescimento de residências secundárias na faixa do chamado litoral norte paulista e na zona serrana que o antecede, assim como nos limites com Minas Gerais e Rio de Janeiro.

Grupo Sorocaba

Se fosse considerada a organização espacial do território paulista conforme o IBGE (1991:17), Sorocaba deveria integrar a mesorregião macrometropolitana paulista. Entretanto, como esse item refere-se à identificação de emissores expressivos em relação à presença de residências secundárias, Sorocaba será avaliado como um núcleo isolado. Isso se justifica porque Sorocaba (mais de 250 mil habitantes) e Votorantim (50 mil a 100 mil habitantes) aparecem como uma pequena "ilha" envolvida por um cinturão de residências secundárias, imagem que decorre da classificação dos municípios adjacentes na categoria de receptores (Pirapora do Bom Jesus, Santana de Parnaíba) ou na de emissores-receptores (São Roque, Mairinque, Piedade, Ibiúna).

Por outro lado, a proximidade geográfica com centros emissores como São Paulo, Campinas (mais significativos) e Itapetininga explica o cinturão de residências secundárias de Sorocaba, bem como os índices ali encontrados, que oscilam entre fracos e fortes. Trata-se de uma interpenetração de áreas resultante da presença de emissores importantes.

Na estruturação do espaço conurbado de Sorocaba-Votorantim, foi significativa a influência direta da capital paulista que concorreu para seu desenvolvimento, estreitamente vinculado ao processo de industrialização e à conseqüente urbanização (IBGE, 1991:26), também favorecido por um sistema eficiente de transportes.

EMISSORES EXPRESSIVOS SECUNDÁRIOS

Grupo Ribeirão Preto

Conjunto extremamente pulverizado, que assume um aspecto difuso em virtude da presença de municípios que não são emissores e tampouco receptores e de áreas dispersas de residências secundárias. Nesse grupo aparecem núcleos contínuos, como Ribeirão Preto (mais de 250 mil habitantes) unido a Sertãozinho, Jaboticabal, além de Barretos (50 mil a 100 mil) ligado a Olímpia (40 mil a 50 mil); o restante é composto por municípios dispersos, como Franca (100 mil a 250 mil habitantes) e Bebedouro (50 mil a 100 mil).

Ribeirão Preto, o principal emissor desse grupo, é um dos centros submetropolitanos mais dinâmicos do interior e o centro urbano que comanda as relações de toda a região. Na grande complexidade da dinâmica econômica, destaca-se a agroindústria como principal geradora de renda. A expansão dessa atividade e a alta capitalização do setor agrário tornam a região de Ribeirão Preto um dos principais pólos agrícolas do país (IBGE, 1991:17-9). Em torno de Ribeirão Preto vêm-se multiplicando as chamadas "cidades-dormitório", ocupadas pelos trabalhadores volantes das lavouras, como acontece em Barrinha, Pontal, Aramina, Dumont e Serrana. Desses municípios, o único que apresenta residências secundárias é Barrinha, localizado entre Sertãozinho e Jaboticabal, que passou de índice incipiente, em 1980 (1%), para fraco (5%), em 1991.

A dispersão dos emissores reflete-se na distribuição das residências secundárias que aparecem concentradas ou isoladas, porém nunca em forma de cinturões, como acontece em relação aos emissores principais. Esta é também uma característica de todos os grupos secundários a seguir.

Grupo Araraquara

Núcleo contínuo, porém pouco extenso, formado por Araraquara (100 mil a 250 mil habitantes), São Carlos e Matão (50 mil a 100 mil). Separado de Ribeirão Preto por municípios que não são emissores nem receptores, sendo, ao sul, alcançado pela concentração de residências secundárias que circunda o grupo Campinas, de um lado, e o grupo Bauru, de outro.

Do ponto de vista da expansão industrial, a região de Araraquara constitui um prolongamento da região campineira. Sob o aspecto econômico, é formado por setores que se complementam e se articulam mutuamente, destacando-se a agroindústria e a pecuária. A região é favorecida por densa rede de transportes (IBGE, 1991:21-2).

Grupo Itapetininga

Este conjunto de emissores, constituído por Itapetininga (100 mil a 250 mil habitantes), Capão Bonito e Itapeva (50 mil a 100 mil), tem uma estrutura econômica predominantemente agrícola e também apoiada na pecuária, principalmente de corte. O reflorestamento, em decorrência de impactos ambientais, a indústria de certa importância e a exploração mineral completam o quadro econômico desses emissores.

A proximidade geográfica de Sorocaba, Campinas e Bauru explica a larga faixa de residências secundárias em seus limites ao norte. Ao sul, o desenvolvimento dessa forma de alojamento parece estar associado aos próprios emissores locais, pois não há indícios que permitam ligar o fenômeno a municípios paranaenses.

Grupo São José do Rio Preto

Grupo formado por emissores dispersos entre municípios de menor expressão como origem e destino. É constituído por São José do Rio Preto (mais de 250 mil habitantes), Catanduva, Fernandópolis, Votuporanga (50 mil a 100 mil) e Jales (40 mil a 50 mil).

São José do Rio Preto é o centro urbano mais expressivo dessa região que apresenta contrastes econômicos com tendência para a diversidade, com ênfase na agropecuária e na agroindústria.

As residências secundárias aparecem constituindo manchas nos municípios lindeiros aos rios Grande e Paraná, nas proximidades dos emissores e, até mesmo, ocorrem em municípios cuja economia está fundamentada na agricultura e na agroindústria como Bady Bassit e Orindiúva.

Grupo Bauru

Este grupo é formado por Bauru (mais de 250 mil habitantes), Lins e Jaú (100 mil a 210 mil), Lençóis Paulista e Avaré (50 mil a 100 mil), emissores isolados e entremeados pelos que não são receptores nem emissores e algumas concentrações de residências secundárias de índices fracos junto aos emissores, principalmente Bauru, o mais expressivo centro regional.

Na organização espacial da região de Bauru, o comércio, a indústria e a agropecuária são favorecidos pela excelente rede de transportes. Além disso, devem ser destacadas a agricultura, a agroindústria canavieira e a pecuária de corte e de leite.

Grupo Araçatuba

Este conjunto é constituído por Araçatuba (100 mil a 250 mil habitantes), Andradina (50 mil a 100 mil), Penápolis e Pereira Barreto (40 mil a 50 mil). A economia é baseada na pecuária, definindo-se como importante área de abate e engorda, destacando-se também a cultura da cana-de-açúcar. "Distante dos principais eixos econômicos do Estado, Araçatuba teve seu crescimento industrial efetuado tardiamente, impulsionado pela liderança da metrópole paulista. Assim, a par de perdas populacionais expressivas, apenas mais recentemente vem ampliando a população ocupada no setor secundário e terciário, embora ainda insuficiente para suprir a redução de empregos no setor primário" (IBGE, 1991:19).

No conjunto do território paulista, Araçatuba caracteriza-se por ser o único município com mais de 40 mil habitantes que não tem residências secundárias em suas proximidades. Nesse grupo, as residências secundárias aparecem em uma faixa, com índices fracos, apenas nos municípios lindeiros ao rio Paraná.

Grupo Presidente Prudente

Presidente Prudente (100 mil a 250 mil habitantes) e Teodoro Sampaio (40 mil a 50 mil) constituem os dois únicos emissores desse grupo.

A base econômica desse conjunto é a pecuária, considerada a principal do Estado, tanto pelo "plantel bovino para corte, engorda e recria, como pelas atividades correlatas voltadas para a frigorificação de carne". Além disso, deve ser mencionada a atividade agrícola e a prestação de serviços (IBGE, 1991:24).

As residências secundárias aparecem, claramente, vinculadas aos dois emissores e na faixa lindeira do rio Paraná (junto a Dracena).

Grupo Marília

Grupo constituído por municípios dispersos que aparecem entremeados a outros que não são emissores nem receptores. Marília (100 mil a 200 mil habitantes), Tupã, Assis e Ourinhos (50 mil a 100 mil) compõem esse conjunto.

Nessa área, a estrutura econômica apoiada no setor agrícola, na pecuária e na sericicultura apresenta-se em transformação que é revelada pelo crescimento e diversificação da produção agropecuária e industrial (IBGE, 1991:24-5).

Alguns municípios com índices fracos e médios de residências secundárias aparecem disseminados próximo ao rio Paranapanema e ao norte de Assis.

Grupo Registro

Esse município não chega a constituir um grupo, uma vez que aparece isolado entre outros que não têm expressão como emissores e receptores.

Registro (40 mil a 50 mil habitantes) está localizado em uma região que é considerada a mais pobre do Estado de São Paulo, embora disponha de recursos geofísicos representados por parques, estações ecológicas e zonas de preservação. Esse fato contribui para explicar a extensão e o crescimento da área de concentração de residências secundárias que se estende desde São Paulo, alcança o litoral e se insinua entre os municípios situados na fronteira com o Estado do Paraná.

Estabelecida a relação entre emissores e centros populosos e desenvolvidos, foi possível identificar quatro grupos principais e oito secundários, além de Registro, e, ao mesmo tempo, conhecer os fatores que explicam a presença e a distribuição das residências secundárias no Estado de São Paulo. Percebe-se que elas diminuem à medida que os centros urbanos reduzem seu tamanho e sua expressão econômica. Todavia, ainda resta verificar a relação direta entre o emissor e o receptor, assunto que será analisado em função das possibilidades dos deslocamentos.

POSSIBILIDADES DOS DESLOCAMENTOS

Residências secundárias aparecem relacionadas aos deslocamentos de férias e, mais freqüentemente, aos de fim de semana. Fatores diferenciados, entre eles a disponibilidade financeira e o tempo livre, podem interferir nesses deslocamentos, atuando com intensidades variadas.

A disponibilidade financeira envolve um momento anterior, que corresponde à aquisição do imóvel e deve continuar existindo para cobrir custos de manutenção e deslocamento. Presume-se que uma pessoa que adquire uma residência secundária – e há aqueles que possuem mais de uma – deve ter condições mínimas para arcar com os custos de transporte. Resta, então, o tempo livre que interfere nas possibilidades dos deslocamentos.

Retomando o assunto exposto no início deste trabalho, deve ser lembrado que, para a população economicamente ativa, a possibilidade de dispor do tempo livre nos fins de semana corresponde às conquistas sociais que permitiram às diferentes camadas da sociedade usufruir desse benefício. O tempo livre também se alarga quando, por decisão dos governantes, se altera a posição dos feriados no calendário. Outras vezes, atitudes individuais encarregam-se de estabelecer as chamadas "pontes", transformando dias de trabalho em tempo livre. Este corresponde ao espaço temporal que torna possível sair do núcleo emissor, desfrutar da residência secundária e retornar ao domicílio permanente. No caso do turismo de fim de semana, a proximidade do domicílio principal com a residência secundária constitui fator decisivo para a sua aquisição. Entretanto, essa distância deve ser considerada, não só em relação ao domicílio permanente, mas também em função do meio de transporte utilizado e da presença de vias de acesso.

Analisando as tendências do turismo paulista, Langenbuch (1977:39-40) observa que "a esmagadora maioria das pessoas prefere o local mais próximo..." em virtude do conforto e da economia que um deslocamento curto e rápido proporciona. Afirma o autor que "essa vantagem se faz sentir mesmo em relação às viagens de férias, mas é de extrema valia para os fins de semana". Todavia, nota que essa predileção pelos locais mais próximos concorre para a saturação destes e para o aparecimento de problemas.

Assim, alguns preferem ultrapassar esse ponto inicial, fixando-se em lugares mais distantes, transparecendo, nesse caso, uma extrapolação da procura pelo local mais próximo.

Em São Paulo, observações empíricas também mostram que há uma estreita relação entre residências secundárias e turismo de fim de semana e que este aparece predominantemente apoiado no uso do automóvel e, portanto, no transporte rodoviário. A utilização de transporte coletivo para deslocamentos até as residências secundárias ocorre, principalmente, quando estas são próximas às rodovias, porém é mais comum quando as residências secundárias estão situadas em grandes centros urbanos, como pode acontecer nos emissores-receptores. Santos, São Vicente, Praia Grande, Guarujá (no litoral), Piedade, Ibiúna, Bragança Paulista e Atibaia constituem exemplos dessa localização.

As rodovias viabilizam a integração origem-destino, mas é sua qualidade e o desempenho do meio de transporte utilizado que definem a distância e o tempo empregado para cumprir o percurso. As possibilidades de deslocamentos no Estado de São Paulo aumentam em certas áreas privilegiadas pela estrutura do sistema rodoviário. É a partir da capital que esse sistema se irradia, em todas as direções, por intermédio de vias principais que alcançam o litoral e o interior, expandindo-se além das fronteiras estaduais. Nesse sistema, assumem importância fundamental as rodovias Presidente Dutra, Anchieta-Imigrantes, Régis Bittencourt, Raposo Tavares, Fernão Dias, Castelo Branco e Anhangüera-Bandeirantes (Figura 3.2), que funcionam como verdadeiros coletores e distribuidores de toda a rede estadual. A relação entre rodovias e residências secundárias fica evidente nas Figuras 3.3 e 3.4, que registram momentos correspondentes aos censos de 1980 e 1991. Em 1980, percebe-se que os municípios com índices expressivos de residências secundárias distribuem-se junto às principais rodovias paulistas. Em 1991, a situação mantém-se e reforça-se ainda mais no espaço entre o litoral e a linha-limite mencionada anteriormente. Entretanto, no restante do território paulista, alguns municípios definem-se como redutos de residências secundárias ao longo das rodovias principais, enquanto outros aparecem à margem desse sistema. Nesses municípios, as estradas secundárias estabelecem as ligações entre a rodovia principal e as represas, que constituem o atrativo maior.

A qualidade dessas estradas deveria, em princípio, reduzir o tempo de percurso. Todavia, é preciso enfrentar os congestionamentos, um dos efeitos perversos do turismo de fim de semana. Percebe-se, assim, que a distância não pode ser medida apenas em quilômetros, mas deve ser considerada, também, em função do tempo necessário para percorrê-la, o que vai depender de todos os fatores já mencionados. É a correspondência distância-tempo que, em suma, vai definir a relação origem-destino.

A identificação de diferentes categorias relacionadas à relação origem-destino mostrou que, no Estado de São Paulo, municípios que não são emissores nem receptores predominam no extremo sul, ao norte e, de modo geral, em toda a faixa que se estende no rumo oeste a partir da mencionada linha-limite que passa por Franca, Ribeirão Preto, São Carlos, Jaú, Lençóis Paulista e Avaré. Dispersos nessas áreas existem, ainda, os emissores expressivos secundários e os receptores.

Na faixa mais desenvolvida do Estado, ao contrário, predominam emissores expressivos principais, emissores-receptores e apenas receptores, sendo raros os municípios que não se enquadram nessas categorias.

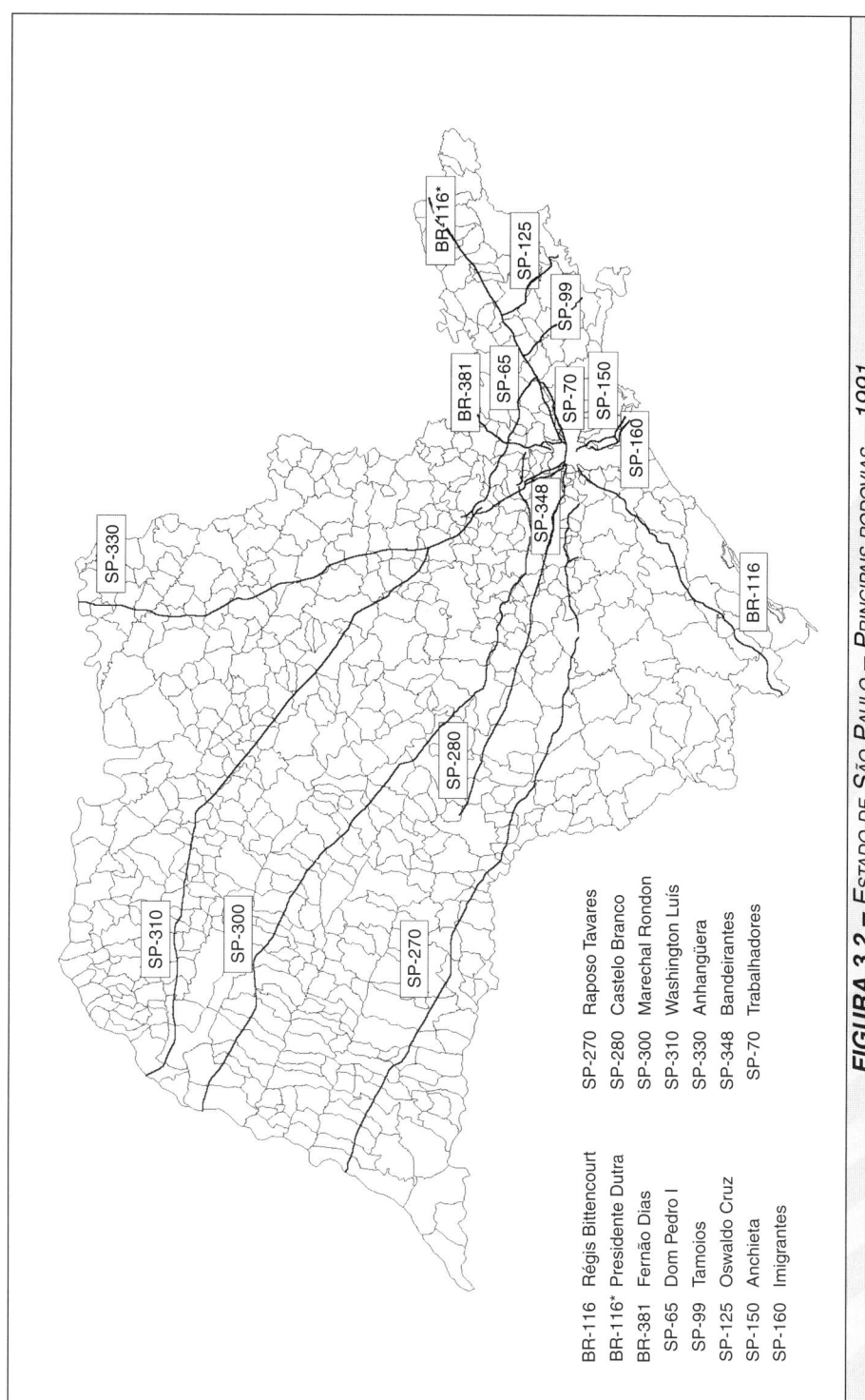

BR-116 Régis Bittencourt
BR-116* Presidente Dutra
BR-381 Fernão Dias
SP-65 Dom Pedro I
SP-99 Tamoios
SP-125 Oswaldo Cruz
SP-150 Anchieta
SP-160 Imigrantes

SP-270 Raposo Tavares
SP-280 Castelo Branco
SP-300 Marechal Rondon
SP-310 Washington Luís
SP-330 Anhangüera
SP-348 Bandeirantes
SP-70 Trabalhadores

FIGURA 3.2 – *Estado de São Paulo – Principais rodovias – 1991*

FIGURA 3.3 – ESTADO DE SÃO PAULO – RESIDÊNCIAS SECUNDÁRIAS E PRINCIPAIS RODOVIAS – 1980

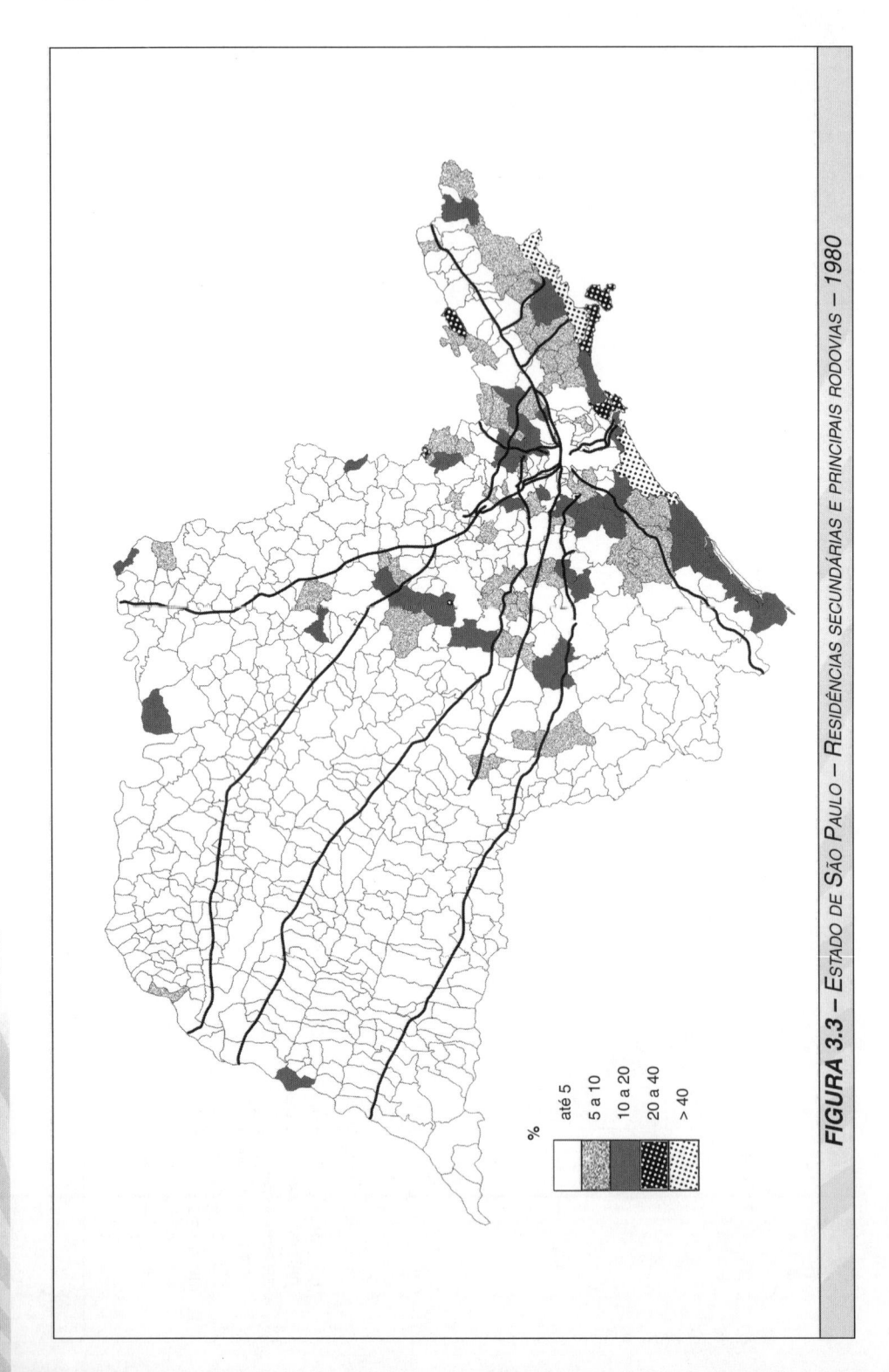

%
- até 5
- 5 a 10
- 10 a 20
- 20 a 40
- > 40

GRUPOS DE EMISSORES EXPRESSIVOS NO ESTADO DE SÃO PAULO

FIGURA 3.4 – ESTADO DE SÃO PAULO – RESIDÊNCIAS SECUNDÁRIAS E PRINCIPAIS RODOVIAS – 1991

%
- até 5
- 5 a 10
- 10 a 20
- 20 a 40
- > 40

TURISMO E MEIOS DE HOSPEDAGEM – CASAS DE TEMPORADA

O primeiro problema para avaliar as possibilidades dos deslocamentos surgiu com a proximidade geográfica da faixa de residências secundárias estabelecida entre São Paulo e outros grupos de emissores principais (Campinas, Sorocaba, São José dos Campos). O mesmo se verificou em relação a alguns grupos de emissores expressivos secundários como Ribeirão Preto e Araraquara em relação ao emissor Campinas.

Esse fato concorre para estabelecer uma tal interpenetração de áreas de turismo de fim de semana, que se torna praticamente impossível, com os dados disponíveis para esta pesquisa, identificar relações entre emissores e receptores. Seria necessário aplicar outros procedimentos metodológicos envolvendo a análise de espaços compartimentados do território paulista, o que não cabe nos objetivos de um estudo de caráter geral como este. Fica, entretanto, a idéia para um trabalho posterior.

Ainda com referência aos *emissores expressivos principais*, verificou-se estreita relação de proximidade entre municípios dispostos ao longo das já mencionadas rodovias mais importantes que se irradiam a partir da capital. Entretanto, a interpenetração de áreas de residências secundárias pode resultar em possibilidades de deslocamentos nos dois sentidos. Tomando como exemplo a Rodovia Presidente Dutra, verifica-se que entre os emissores principais, São Paulo e São José dos Campos, aparecem redutos de residências secundárias em Santa Isabel e Guararema, que constituem uma área de interpenetração desses dois emissores. Dessa forma, as residências secundárias existentes, nesse espaço, podem estar relacionadas tanto ao grupo São Paulo como ao de São José dos Campos.

Outro problema refere-se à presença de emissores-receptores entre os grupos São Paulo, Campinas, São José dos Campos e Sorocaba, tornando a análise ainda mais complexa. Nesse caso, só mesmo a pesquisa de demanda regional ou local poderá contribuir para esclarecer as preferências.

Já na análise dos grupos de *emissores expressivos secundários* do Oeste Paulista que, aparentemente, não apresentam interpenetração de áreas e mesmo daqueles como Ribeirão Preto e Araraquara, que apresentam esse fenômeno, foram consideradas as facilidades de acesso rodoviário. Presidente Prudente e Teodoro Sampaio, por exemplo, constituem um grupo emissor expressivo secundário que tem como prováveis receptores os seguintes municípios: Martinópolis e Marabá Paulista, situados a uma distância cujo percurso corresponde a aproximadamente uma hora; Panorama, Paulicéia e Florínea, até duas horas; Castilho e Itapura, até 3 horas. Descartando-se os mais distantes como improváveis para fim de semana e estabelecida a relação com o sistema rodoviário, evidenciam-se Martinópolis, como provável área de residências secundárias de Presidente Prudente, e Marabá Paulista, que parece estar mais relacionado a Teodoro Sampaio. Os demais receptores parecem ter ligação mais direta com outros emissores. Esta análise não considera, porém, municípios mais distantes cujas residências secundárias podem ser utilizadas nas férias.

Para avaliar as possibilidades dos deslocamentos a partir de emissores expressivos secundários, foi preciso identificar os receptores próximos localizados em um raio de 30 minutos e uma hora, verificar as possibilidades de acesso rodoviário conforme as categorias de distância-tempo aproximadas e descartar os municípios que excedem essa categoria temporal.

As relações entre *emissores expressivos secundários* e seus prováveis receptores foram estabelecidas a partir de uma base cartográfica[2], com as necessárias adaptações aos dados do censo demográfico (IBGE, 1991), na qual foram traçados círculos concêntricos tendo como ponto de partida cada um dos integrantes dos grupos emissores. Os raios desses círculos foram definidos com base na escala da folha cartográfica, verificando-se que 50 quilômetros[3] correspondem a aproximadamente uma hora. O confronto com o Mapa Rodoviário do Estado de São Paulo[4] permitiu estabelecer possibilidades de deslocamentos próximos para o turismo de fim de semana a partir da relação distância-tempo de um dado emissor e descartar municípios situados fora desse limite.

Convém ressaltar, antes de prosseguir esta análise, que não se trata do cálculo estatístico de probabilidades, já aplicado ao lazer por Teixeira (1978:56-71). Realmente, não há, nesta pesquisa, condições para a aplicação de tal metodologia, em razão da absoluta ausência das variáveis necessárias. Optou-se, então, pela análise das possibilidades, considerando-se apenas as ligações entre emissor e receptor, em função da proximidade geográfica, do acesso rodoviário possível e do fator distância-tempo (Tabela 3.1).

---

[2] *Regiões de Governo do Plano Cartográfico do Estado de São Paulo. Secretaria de Planejamento e Gestão – Coordenadoria de Planejamento Regional. Instituto Geográfico e Cartográfico do Estado de São Paulo. 1992.*

[3] *Medida linear entre a sede municipal do emissor e o limite municipal do receptor mais próximo.*

[4] *Mapa Rodoviário do Estado de São Paulo. Secretaria da Infra-estrutura Viária. Departamento de Estradas de Rodagem, 1992.*

EMISSORES EXPRESSIVOS SECUNDÁRIOS

TABELA 3.1

Emissores	Receptores próximos	
	Até 30 min	Até 60 min
Ribeirão Preto	Barrinha Jardinópolis Serra Azul	Rincão São Simão Cajuru Altinópolis
Sertãozinho	Barrinha Jardinópolis Serra Azul	Rincão São Simão Cajuru Altinópolis
Jaboticabal	Barrinha	Jardinópolis Rincão
Olímpia	Guaraci Guapiaçu	Orindiúva Bady Bassit Ibirá Colômbia
Barretos	Colômbia	Guaraci Miguelópolis
Franca	Cristais Paulista Ribeirão Corrente São José da Bela Vista Restinga Patrocínio Paulista	Rifaina Altinópolis
Bebedouro		Barrinha Jardinópolis
Araraquara	Rincão Dourado Ribeirão Bonito	Dois Córregos Brotas
São Carlos	Itirapina Analândia Brotas Ribeirão Bonito	São Pedro Ipeúna Corumbataí Rincão Dourado Dois Córregos
Matão	Rincão	Barrinha Itajuí Dourado Ribeirão Bonito

(*Continua*)

TABELA 3.1 (Cont.)

Emissores	Receptores próximos	
	Até 30 min	Até 60 min
Itapetininga	São Miguel Arcanjo Sarapuí Capela do Alto Tatuí Guareí Angatuba Arandu Cerqueira César Itaí Paranapanema	Pilar do Sul Salto de Pirapora Araçoiaba da Serra Iperó Boituva Cesário Lange Pereira Porangaba Bofete Botucatu Águas de Santa Bárbara Óleo Tejupá
Itapeva	Buri	Paranapanema Itaí Guapiara
Capão Bonito	São Miguel Arcanjo Guapiara	Angatuba Iporanga Tapiraí
São José do Rio Preto	Guapiaçu Neves Paulista Bady Bassit Ibirá	Guaraci Sales
Catanduva	Ibirá	Guapiaçu Bady Bassit
Fernandópolis	Cardoso Indiaporã	Mira Estrela Populina Santa Albertina
Votuporanga	Cardoso	Mira Estrela Indiaporã
Jales	Populina Santa Albertina	Rubinéia Cardoso Mira Estrela Indiaporã Santa Clara do Oeste
Bauru	Avaí Arealva	Águas de Santa Bárbara Iacanga Itaju Itapuí

(Continua)

TABELA 3.1 (Cont.)

Emissores	Receptores próximos	
	Até 30 min	Até 60 min
Lins	Sabino	Sales
		Uru
Jaú	Itapuí	Itaju
	Boracéia	Arealva
	Mineiros do Tietê	Santa Maria da Serra
	Dois Córregos	Ribeirão Bonito
	Brotas	
	Dourados	
Lençóis Paulista		Avaí
		Águas de Santa Bárbara
		Arandu
		Botucatu
		Mineiros do Tietê
		Dois Córregos
Avaré	Arandu	Botucatu
	Cerqueira César	Águas de Santa Bárbara
	Itaí	Óleo
	Paranapanema	Tejupá
Araçatuba		
Andradina	Castilho	
	Paulicéia	
	Panorama	
Penápolis		Sabino
Pereira Barreto		Itapura
		Castilho
		Rubinéia
Presidente Prudente	Martinópolis	Marabá Paulista
Teodoro Sampaio	Marabá Paulista	
	Martinópolis	
Marília	Lutécia	Avaí
Tupã	Lutécia	Martinópolis
Assis	Lutécia	Florínea
		Salto Grande
Ourinhos	Salto Grande	Óleo
		Timburi
Registro	Juquiá	Iguape
		Miracatu
		Tapiraí
		Cananéia

Essas relações, definidas pela proximidade geográfica e acessibilidade por rodovia, permitiram estabelecer certas possibilidades de deslocamentos, embora outras possam ser identificadas. Da mesma forma, podem existir emissores menores que não foram considerados nesta análise. Convém destacar que se trata de uma primeira tentativa, abrangendo todo o território paulista, com o intuito de identificar relações origem-destino entre emissores e áreas de residências secundárias. Como já foi visto no caso dos emissores expressivos principais, a comprovação ou não dessas possibilidades só poderá acontecer com a utilização de métodos mais diretos. Entretanto, essa verificação global, que oferece uma aproximação com a realidade e, além disso, mostra relações com hinterlândias (ou áreas de mercado) urbanas, abre caminhos para futuras investigações regionais ou mesmo municipais.

4
ÁREAS DE CONCENTRAÇÃO DE RESIDÊNCIAS SECUNDÁRIAS

EVOLUÇÃO E DINÂMICA ESPACIAL

Antes de analisar a evolução e a dinâmica das áreas de concentração de residências secundárias, convém considerar dois aspectos: a relação que, no mundo moderno, se estabeleceu entre essa forma de alojamento turístico e o turismo de massa e sua proliferação associada à urbanização.

Embora considerado um fenômeno antigo, as residências secundárias assumiram, no mundo atual, uma nova dimensão. "A residência secundária não é mais um fato do turismo aristocrático do século XIX, mas uma expressão do turismo moderno de massa. Nasceu aristocrática e se massificou... graças às conquistas sociais e econômicas" (Boyer, 1972:133-4).

O crescimento de residências secundárias associado à urbanização constitui, conforme Michaud, um fenômeno recente (Michaud, 1983:93). Todavia, torna-se difícil compreender esse fato sem conhecer, em linhas gerais, a evolução das áreas de residências secundárias, que pode estar sujeita ao mesmo processo assinalado para o turismo a que se refere Miossec (1977).

Conforme este autor, a ocupação pioneira de áreas isoladas e desconhecidas, feita por classes de nível socioeconômico mais elevado, pode ceder lugar a uma clientela mais popular, se as facilidades dos meios de transportes tornarem as áreas mais acessível. A primeira onda ocorre, em geral, concomitantemente à melhoria das condições de acesso, ao aparecimento de transportes coletivos e à presença de serviços, aumentando a relação entre os espaços vizinhos (Apud Pearce, 1981:2). Sucessivas ondas de ocupantes, impelidos pelas mais variadas motivações, se revezam, transformando as características originais das áreas escolhidas.

As constantes transformações funcionais das residências secundárias envolvem aspectos diversos, já mencionados, como, por exemplo, as distâncias em relação ao domicílio principal, que se alteram conforme as facilidades oferecidas pelos meios e vias de transportes.

A implantação de residências secundárias ao redor das grandes metrópoles, conforme já assinalado anteriormente, ocorre em círculos concêntricos formando cinturões que ultrapassam as zonas de comutação[1] e se estendem por distâncias que podem variar conforme o momento e os países, em razão de diferenças observadas na ocupação do espaço e nas tecnologias dos transportes.

---

[1] *Comutação (commuting) corresponde ao movimento pendular, típico dos grandes centros urbanos, que as pessoas moradoras na periferia realizam, diariamente, entre o local de trabalho e o local de residência permanente.*

Conforme Derruau (1973:95), "quando situada nos arrabaldes próximos, a residência secundária pode transformar-se, com as facilidades dos transportes, em residência permanente, de onde a migração para o trabalho é diária".

No Estado de São Paulo, a capital, com alguns municípios mais populosos da região metropolitana, polariza a emissão de fluxos de fim de semana que respondem pelo desenvolvimento de uma ampla faixa de residências secundárias em seu entorno. A capital foi, também, o ponto de partida para a primeira onda de residências secundárias que se definiu junto a um grande centro paulista, como resposta ao crescimento populacional e à expansão urbana. O fenômeno assim desencadeado pode ser entendido como o início de um processo que se desenvolveu impulsionado pela urbanização e pelo turismo de massa e que, posteriormente, se definiria com a industrialização de São Paulo e sua região implantada nos anos 20 (Keller, 1954:211), consolidando-se nas décadas posteriores. No que se refere ao crescimento demográfico do Estado de São Paulo, pode ser justificado pelo avanço das frentes pioneiras para o Oeste Paulista e pela industrialização, sobretudo na zona de influência da capital, que, desde 1920, tem atraído grande contingente da população (Keller, 1954:211).

É nesse momento, com o início da industrialização, que se define a primeira onda de residências secundárias em alguns pontos da capital paulista. Essa forma de alojamento já existia tanto em São Paulo como no restante do Brasil, mas o que marca essa fase é o caráter que ela assume associada ao turismo de fim de semana e à urbanização e que, posteriormente, seria fortalecido com o turismo de massa. Não se trata mais de grupos isolados que têm propriedades para passar as férias e "temporadas", mas de um grande contigente de pessoas que se deslocam nos fins de semana para fugir do ambiente urbano.

Na fase inicial, as residências secundárias apareciam ao norte da cidade de São Paulo, junto a uma ruptura do relevo, representada pela Serra da Cantareira, e ao sul, confinando com a superfície líquida da represa de Santo Amaro. Obstáculos naturais à expansão urbana, a serra e a represa dispunham de recursos recreativos, pouco transformados pelo homem, capazes de amenizar a vida na cidade, que então se expandia. Conforme observou Penteado (1961:208), "a expansão urbana rumo ao norte só encontra uma barreira natural na Serra da Cantareira; para o sul, as represas da Light também limitam as possibilidades de avanço da metrópole".

Na Serra da Cantareira, coberta por florestas e a 10 km da capital, "um dos mais sensíveis acidentes geográficos da região paulistana", existiam "aprazíveis chácaras e residências de campo... residências de verão e chácaras de fim de semana... locais de recreio e de divertimento para a população paulistana... A tranqüilidade do local aliada ao clima saudável dessa região serrana, em contraste com a vida agitada e a atmosfera saturada da cidade, acabaram por eleger a Cantareira como um dos mais apreciados ... locais de recreio para a população paulistana, particularmente aos sábados, domingos e dias de feriado" (Penteado, 1958:40,41,45).

Ao sul, Santo Amaro, "notadamente depois de 1945, tornou-se um centro industrial de destaque ... não se limitando a ser um centro residencial e recreativo, em torno do qual existiam algumas chácaras e olarias ... como acontecia ao iniciar-se a década de 1940-50" (Penteado, 1958:21-4). Nessa área, a multiplicação das chácaras de recreio, das habitações destinadas aos fins de semana, dos clubes náuticos e de outros locais destinados à recreação transformou a região, particularmente nas vizinhanças do reservatório de Guarapiranga. Novas funções e atividades ligadas ao lazer dos paulistanos se desenvolveram para atender à demanda que, aos sábados, domingos e feriados, acorria às "praias" de São Paulo (Penteado, 1958:51-2). "Em conseqüência, a região das represas valorizou-se de maneira espetacular, sendo extremamente elevados os preços das casas de campo e difícil a aquisição dos terrenos resultantes de loteamentos ali feitos ..." (Penteado, 1958:52).

A expansão urbana de São Paulo e de sua região prosseguiu a leste e oeste sem encontrar barreiras, ocupando os espaços vazios e livres de obstáculos naturais.

Ao contrário do que acontecia com a área suburbana oriental de São Paulo, os municípios de Itapecerica da Serra e Cotia contavam com inúmeros sítios de recreio que se multiplicaram, sobretudo a partir de 1930-40. "É que o paulistano com algumas posses, procurando fugir da atmosfera urbana, nos fins de semana, encontrou ali uma paisagem bela e rústica, terras a baixo preço e boas vias de acesso" (Costa, 1958:127).

Os trechos anteriormente transcritos registram os primórdios do fenômeno que depois se expandiu e hoje alcança até mesmo o interior, onde, cada vez mais, novas áreas de residências secundárias se definem junto aos centros urbanos com mais de 40 mil habitantes. Nessa fase inicial, já pode ser observada a força dos fatores de localização das residências secundárias, definidos por proximidade do domicílio principal, acessibilidade, presença de recursos recreativos e custo da terra. A fuga para a área urbana também concorreu para expandir a fronteira de residências secundárias, que chegou aos subúrbios industriais da região do ABC atraindo, até mesmo, moradores da Baixada Santista. Santo André, por exemplo, foi, conforme Penteado (1958:27), "durante muito tempo um lugar preferido para residência de veraneio, sobretudo de ricas famílias moradoras em Santos que ali mantinham belas e confortáveis chácaras".

No conjunto do território paulista, as residências secundárias eram ainda pouco numerosas no período anterior a 1950, "ante a grande difusão que conheceriam mais tarde" (Langenbuch, 1977:42-3).

Em relação a São Paulo e sua região, ainda por volta de 1950, em alguns subúrbios industriais, ao lado de aglomerados urbanos, existiam "grandes espaços vazios de caráter semi-rural, algumas vezes aproveitados por lavouras de pequena extensão (horticultura e floricultura) ou por simples casas de campo, destinadas ao descanso em fins de semana" (Penteado, 1958:14).

Alguns estudos realizados mostram que as residências secundárias diminuem à medida que aumenta a distância aos grandes centros. Esse processo, que vem sendo analisado por alguns autores, é conhecido como fricção de distância (Pearce, 1988:109). Lundgren (1974) produziu um modelo, baseado na experiência canadense, mostrando as inter-relações espaciais entre o centro urbano e as casas de campo que a expansão urbana alcançou (Pearce, 1988:195).

Percebe-se que, em São Paulo, as residências secundárias foram se afastando da metrópole à proporção que a urbanização avançava. Esse processo, comum no mundo inteiro, acabou definindo onde ainda havia disponibilidade de recursos paisagísticos e recreativos, uma nova fronteira das residências secundárias situada além da zona de comutação, representada pelos bairros-dormitório. O deslocamento entre a residência permanente e a secundária, a princípio, era limitado aos 10 km que separavam a Serra da Cantareira da área urbana e ao uso predominante de transporte coletivo. A expansão urbana e a melhoria das vias de acesso definiram novas áreas de residências secundárias, ao mesmo tempo em que outras, mais antigas, se transformavam. Na década de 1940, os limites dos deslocamentos estavam a uma distância entre 30 e 35 km, alcançando Cotia e Itapecerica da Serra, no final da década seguinte, assim como tantos outros municípios da atual região metropolitana paulista que tiveram alteradas suas funções como áreas de descanso de fim de semana. Isso ocorreu, conforme observou Costa (1958:127), em virtude da "marcha rápida dos loteamentos para fins residenciais ou porque as dificuldades econômicas já não permitiam a manutenção de residências secundárias".

Simultaneamente, a difusão dessa forma de alojamento turístico ocorria, também, nas estâncias hidrominerais criadas até as duas primeiras décadas do século XX e no litoral paulista, sobretudo na Baixada Santista.

Águas de São Pedro, por exemplo, estância hidromineral estudada por Rodrigues (1985:108), surge no século passado, mas desenvolve-se na década de 1930 quando "havia razoável interesse no uso de águas minerais para fins terapêuticos...".

Esse atrativo, aliado à proximidade da capital e de alguns centros urbanos expressivos do interior e de Santos, no litoral, além dos jogos de azar, concorreu para o desenvolvimento da estância entre 1930 e 1946. Para contrabalançar o declínio de Águas de São Pedro, em virtude da proibição dos jogos de azar, em 1946, surge, como alternativa de desenvolvimento, o mercado imobiliário. Conforme Rodrigues (1985:108-12), entre 1949 e 1950, verifica-se um surto no setor da construção que evolui lentamente na década de 1950. No final de 1960, há uma retomada no desenvolvimento de segundas residências[2], o que efetivamente acontece entre 1960 e 1970, e o maior incremento ocorre entre 1964 e 1974. Em 1970, conforme a mesma autora, o IBGE registrou 45% do total de domicílios como segundas residências.

No litoral paulista, de modo geral, a expansão das residências secundárias variou conforme a presença e a proximidade de emissores expressivos e a melhoria das condições de acesso.

Na Baixada Santista, em Santos, São Vicente, Guarujá e Praia Grande, já existiam residências secundárias no fim do século passado. Sua proliferação, entretanto, com esse novo caráter, segue o mesmo processo observado na capital paulista e no interior, pois os emissores principais estavam e ainda estão concentrados na região metropolitana de São Paulo. As referências sobre o litoral são escassas e privilegiam Santos, Guarujá, Praia Grande e Mongaguá[3], e podem dar uma idéia da evolução do fenômeno na região.

Em Santos, no início do séculoXX, "... na orla praiana dominavam chácaras de veraneio pertencentes a abastados negociantes da cidade, cujas residências estavam a distância do mar, ... posteriormente retalhadas e vendidas para a construção de palacetes para residentes em Santos" (Araújo Filho, 1965:38). Depois da crise de 1929, esses palacetes foram transformados em pensões (Araújo Filho, 1965:40). A partir da década de 1950, essas pensões começaram a ceder lugar aos prédios de apartamentos.

O núcleo urbano santista, voltado para o interior, no estuário, deixou à margem da ocupação as praias que foram ocupadas inicialmente pelos próprios moradores, passando, depois, como será visto a seguir, a receber a população paulistana para os períodos de veraneio.

Guarujá, concebida no fim do século XIX, "situada na orla litorânea, em local meticulosamente escolhido" (Medeiros, 1965:132), caracterizou-se por ser uma "cidade planejada, organizada e preparada para a função de veraneio" (Medeiros, 1965:113). O surto imobiliário que ocorreu no Guarujá

---

[2] Em 1970, as residências secundárias apareciam incluídas entre os domicílios fechados.

[3] A obra A Baixada Santista – Aspectos Geográficos, coordenada por Aroldo de Azevedo, publicada em 1965, contém informações valiosas para essa questão.

na década de 1940 não alterou suas características de balneário de luxo, feição que ainda apresentava em 1960.

Em Praia Grande, a freqüência de veranistas aumentou, progressivamente, a partir da década de 1930, com as companhias loteadoras que ofereciam facilidades para a compra de terrenos (Magalhães, 1965:67-8). Posteriormente, em Vila Caiçara, na Praia Grande "houve uma preferência pelos pagamentos à vista (40%) seguidos pelos financiamentos (19%)" (Solha, 1992:39).

Esses rápidos registros, pois não é propósito deste trabalho entrar em detalhes sobre a organização espacial da Baixada Santista, mostram o período anterior a 1950, quando predominava na região o veraneio ou a "temporada", caracterizados pela presença de turistas nas férias de verão. Nesse processo, Santos, São Vicente e Guarujá tiveram como pontos comuns a freqüência estruturada em torno da praia e dos jogos de azar e a estagnação, que se seguiu à sua proibição em 1946, marcada pelo desemprego em decorrência do fechamento de cassinos e da ociosidade da rede hoteleira.

Em toda a Baixada Santista, a febre dos loteamentos, a partir da década de 1950, desencadeou a expansão acelerada das residências secundárias em Santos, São Vicente, Guarujá, Praia Grande, Mongaguá e Itanhaém. Esse processo de ocupação, que se acentua nos anos 60 [4], alcança também Peruíbe. Uma retomada no setor de construção ocorreu em 1970, atingindo, com menor intensidade, o município de São Vicente, pois, conforme mostram os dados do censo de 1991, a participação de residências secundárias no total de domicílios diminuiu no período de 1980 a 1991. Santos, embora não tenha apresentado redução do índice, apresenta participação média, que é inferior ao índice excepcional observado em outros municípios litorâneos. Além disso, deve ser considerada a participação de Bertioga, hoje emancipada.

Outros fatores concorreram para o desenvolvimento de residências secundárias nessa parte do litoral paulista, entre os quais a abertura da Via Anchieta, em 1947, que reduziu a relação distância-tempo entre a região e seu principal emissor. Posteriormente, a Rodovia dos Imigrantes ampliou as possibilidades de acesso, tornando possível o desenvolvimento acelerado do litoral e de novas áreas de segundas residências, contribuindo para elevar os índices tal como hoje se apresentam.

Langenbuch, ao analisar os municípios turísticos do Estado de São Paulo, refere-se às residências turísticas no cinturão circumetropolitano polarizado pela capital, destacando os municípios de Arujá, Cotia, Embu-Guaçu, Guararema, Itapecerica da Serra, Juquitiba, Mairiporã, Pirapora do Bom

---

[4] Conforme Seabra, em meados dos anos 60, as residências secundárias em Santos começam a apresentar sinais de saturação (Seabra, 1979:102).

Jesus, Ribeirão Pires e Rio Grande da Serra (na região metropolitana) além de Ibiúna, Mairinque, São Roque, Cabreúva, Campo Limpo Paulista, Jarinu, Atibaia, Bom Jesus dos Perdões e Santa Branca[5] (Langenbuch, 1977:13-4).

Percebe-se que há muito fora ultrapassada a fronteira da primeira onda de residências secundárias estabelecidas em torno de São Paulo e que só na década de 1970 alcançou municípios vizinhos. A situação, além de outros fatores, entre os quais se alinham aqueles derivados de momentos econômicos do contexto brasileiro, que repercutiram na melhoria das condições de renda, deve-se também ao crescimento populacional e à expansão urbana que definiu outros emissores na área. Assim, não apenas a cidade de São Paulo, mas todo um conjunto de emissores representado pelos centros urbanos mais populosos e desenvolvidos passou a ter influência no desenvolvimento de áreas de segunda residência.

Com relação à região metropolitana de São Paulo, conforme a análise dos dados do censo de 1980, foram registradas três situações em relação às residências secundárias:

1. Permanência na procura por áreas antigas, ocupadas antes de 1970, em Cotia, Embu-Guaçu, Itapecerica da Serra e Ribeirão Pires.
2. Desenvolvimento de novas áreas em Arujá, Guararema, Juquitiba, Mairiporã, Pirapora do Bom Jesus e, entre 1970 e 1980, nos municípios de Biritiba Mirim, Salesópolis, Santa Isabel e Santana de Parnaíba.
3. Desaparecimento de Rio Grande da Serra, a partir de 1980, como área especializada nessa forma de alojamento.

Em 1991, são confirmados como redutos de residências secundárias todos os municípios anteriormente mencionados, exceto Ribeirão Pires, cujo índice fraco foi reduzido a incipiente. Embora com índices expressivos, outros municípios apresentaram redução de porcentagem. É o que vem ocorrendo em Arujá, Cotia, Embu-Guaçu, Itapecerica da Serra, Pirapora do Bom Jesus e Santana de Parnaíba, indicando que já ocorreu avanço da urbanização. É São Paulo chegando à periferia... Outros, entretanto, situados a distância, registram elevação na porcentagem de residências secundárias, como se observa em Biritiba Mirim, Guararema, Juquitiba, Mairiporã, Salesópolis, Santa Isabel e Vargem Grande Paulista, mostrando que ainda se mantém e, como indicam os dados, continuará se mantendo a fronteira estabelecida na década de 1980.

---

[5] Todos os municípios citados, com exceção de Pirapora do Bom Jesus (cuja taxa era de 71%), tinham 95% a 100% dos leitos em residências turísticas, o que mostra a importância dessa forma de alojamento turístico naquele momento.

Entre os municípios que em 1991 apresentavam índices incipientes, alguns jamais tiveram ou terão significado como redutos de residências secundárias, enquanto outros vêm apresentando elevação percentual. Em Cajamar, por exemplo, o número de residências secundárias vem aumentando, fato que não se justifica por tratar-se de uma área urbana em expansão. Finalmente, existem os que perderam a importância na década de 1980, como Rio Grande da Serra e, em 1990, seu vizinho Ribeirão Pires.

Percebe-se que se confirmou a previsão dos que estudaram a geografia urbana de São Paulo no fim da década de 1950, registrando o avanço da urbanização e a presença de residências secundárias[6], pesquisa que mereceria ser atualizada diante das profundas transformações que se processaram na capital paulista e em toda a área sob sua influência.

Considerando a capital paulista como centro de irradiação, as mesmas fronteiras de residências secundárias estabelecidas em 1980 se mantêm em 1991, nos rumos norte, leste e sul. Entretanto, elas ampliam-se em direção ao sudoeste, alcançando São Miguel Arcanjo e, a noroeste, chegando até Óleo e Águas de Santa Bárbara. Percebe-se que essas fronteiras mudam constantemente. Atualmente, o limite vai além da primeira, da segunda e da terceira onda, e sua propagação interpenetra áreas de outros emissores, tornando difícil, e até mesmo impossível em alguns casos, separar emissores e seus respectivos receptores.

A mobilidade entre áreas pode ser, também, outro fator que explica a dinâmica das residências secundárias. Por exemplo, é fato conhecido o deslocamento de moradores da Baixada Santista para o planalto: Santo André, nos anos 1940-1950; Ribeirão Pires, entre 1960 e 1970; e, posteriormente, a procura por sítios de fim de semana, em Itariri, Pedro de Toledo e localidades próximas, como Oliveira Barros, Pedro Barros e Biguá, localizadas entre Miracatu e Juquiá. Alguns moradores da Baixada Santista passam os fins de semana em outras praias no próprio litoral paulista, às vezes não muito distantes, como Bertioga, Mongaguá, Itanhaém, Peruíbe, Iguape e Cananéia. É a fuga do movimento provocado pelos turistas que acorrem à Baixada que impulsiona esses moradores para lugares mais tranqüilos, como os sítios, ou tão congestionados quanto a origem, no caso das praias. E ali eles se tornam, também, turistas. Provavelmente, o mesmo fenômeno ocorre em Ubatuba e Caraguatatuba (municípios com mais de 100 mil habitantes), o que talvez contribua para explicar o expressivo aumento de residências secundárias na região serrana (São Luís do Paraitinga para Ubatuba e Natividade da Serra e Redenção da Serra para Caragua-

---

[6] *Azevedo, Aroldo de.* São Paulo – Estudos de Geografia Urbana, *1958.*

tatuba) e, com relação a Itanhaém (mais de 40 mil habitantes), na procura por Itariri, Pedro de Toledo e Miracatu.

Essa mobilidade entre municípios com residências secundárias, que nem sempre se dá pela procura de atrativos diversificados, também pode ser observada no interior. Por exemplo, moradores de Guaratinguetá que têm residência secundária em Piquete. Casos como esses são muito difíceis de serem elucidados em uma pesquisa de caráter geral como esta.

O processo de evolução e dinâmica das áreas de residências secundárias no Estado de São Paulo foi extremamente facilitado pelo uso generalizado do automóvel a partir da década de 1950, mas principalmente, na década de 1960 e a partir da década de 70 pela melhoria da qualidade das rodovias e implantação de estradas vicinais. Esses fatores contribuíram para reduzir a relação distância-tempo e tornar acessíveis localidades até então desconhecidas e, por isso mesmo, preservadas da ação humana cuja descoberta ocorre, justamente, a partir das duas últimas décadas, que coincidem com a valorização de recursos naturais básicos (Tulik, 1993:26-36). Os cartogramas da distribuição das residências secundárias, em 1980 e 1991 (Figuras 4.1 e 4.2) refletem essa dinâmica cuja evolução pode ser explicada pela existência de emissores expressivos, pela presença e qualidade das vias de acesso rodoviário e também pelos atrativos. Deve-se considerar, porém, que a relação que se estabelece entre residências secundárias e atrativos dependerá de dois fatores interligados – a proximidade do domicílio principal e a posição relativa à rede de circulação rodoviária.

Percebe-se, assim, que o atrativo, por si só, não constitui fator determinante para explicar concentrações de residências secundárias e definir novas áreas; outros fatores devem ser considerados, entre os quais a valorização social de certos recursos, bem como os modismos decorrentes desse fato, e o valor da terra, que pode, até mesmo, constituir um atrativo. Nesse caso, preços mais ou menos compensadores podem explicar a presença de clientela definida pelo nível socioeconômico.

No território paulista, em geral, as áreas de concentração de residências secundárias estruturaram-se em torno de atrativos naturais, como a presença de superfícies líquidas (mar, rios, represas), águas minerais, matas (principalmente em áreas de preservação) e regiões de montanhas. Nessas áreas, elementos combinados concorrem para explicar o atrativo das paisagens que se reforça com características do clima, principalmente quando diferenciados dos centros emissores ou quando apresentam aptidões para atividades recreativas e desportivas. Pode-se dizer que, no Estado de São Paulo, os recursos naturais oferecem possibilidades para o desenvolvimento de residências secundárias e, em muitos casos, explicam sua evolução e dinâmica.

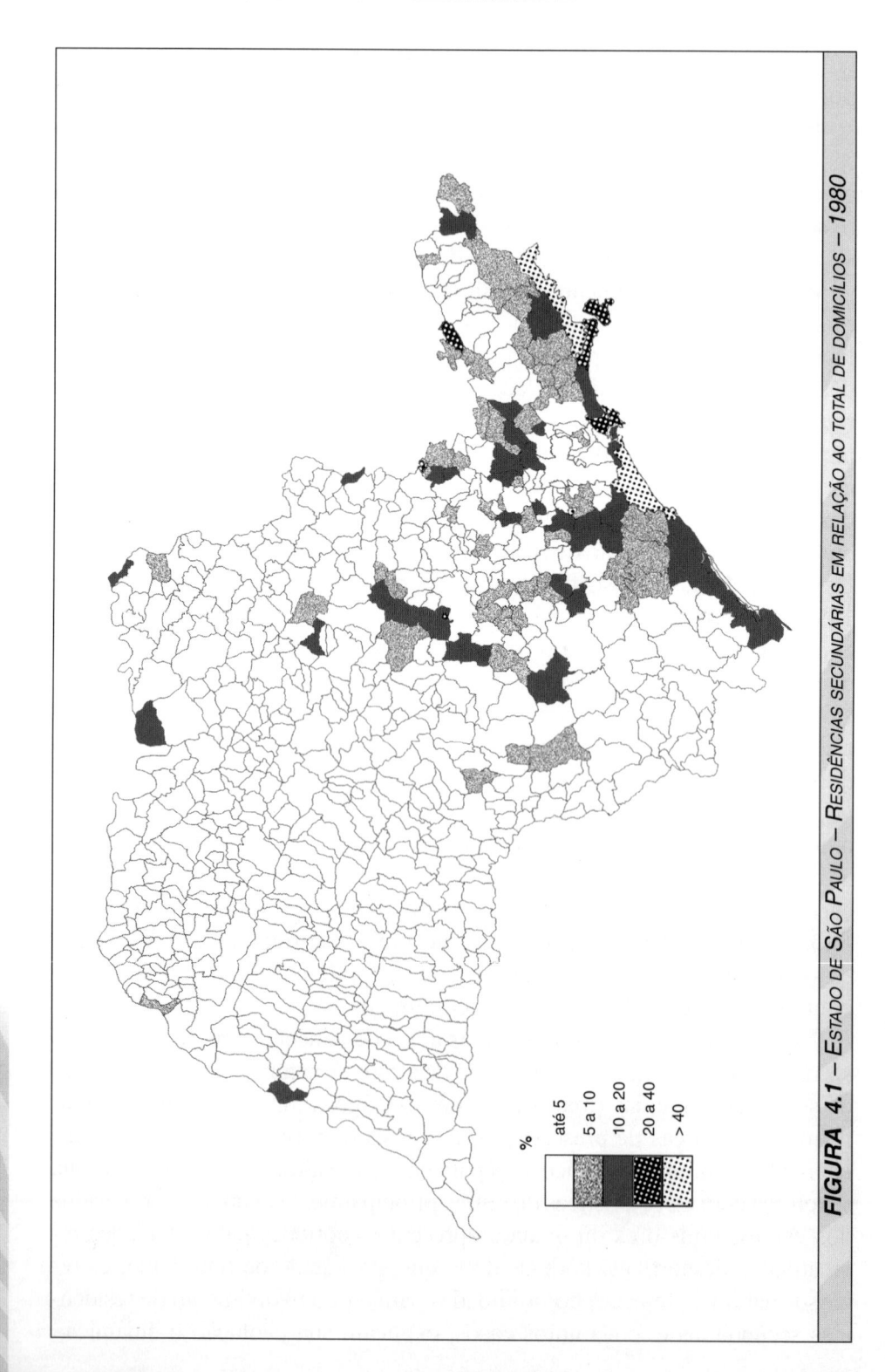

ÁREAS DE CONCENTRAÇÃO DE RESIDÊNCIAS SECUNDÁRIAS

FIGURA 4.1 – ESTADO DE SÃO PAULO – RESIDÊNCIAS SECUNDÁRIAS EM RELAÇÃO AO TOTAL DE DOMICÍLIOS – 1980

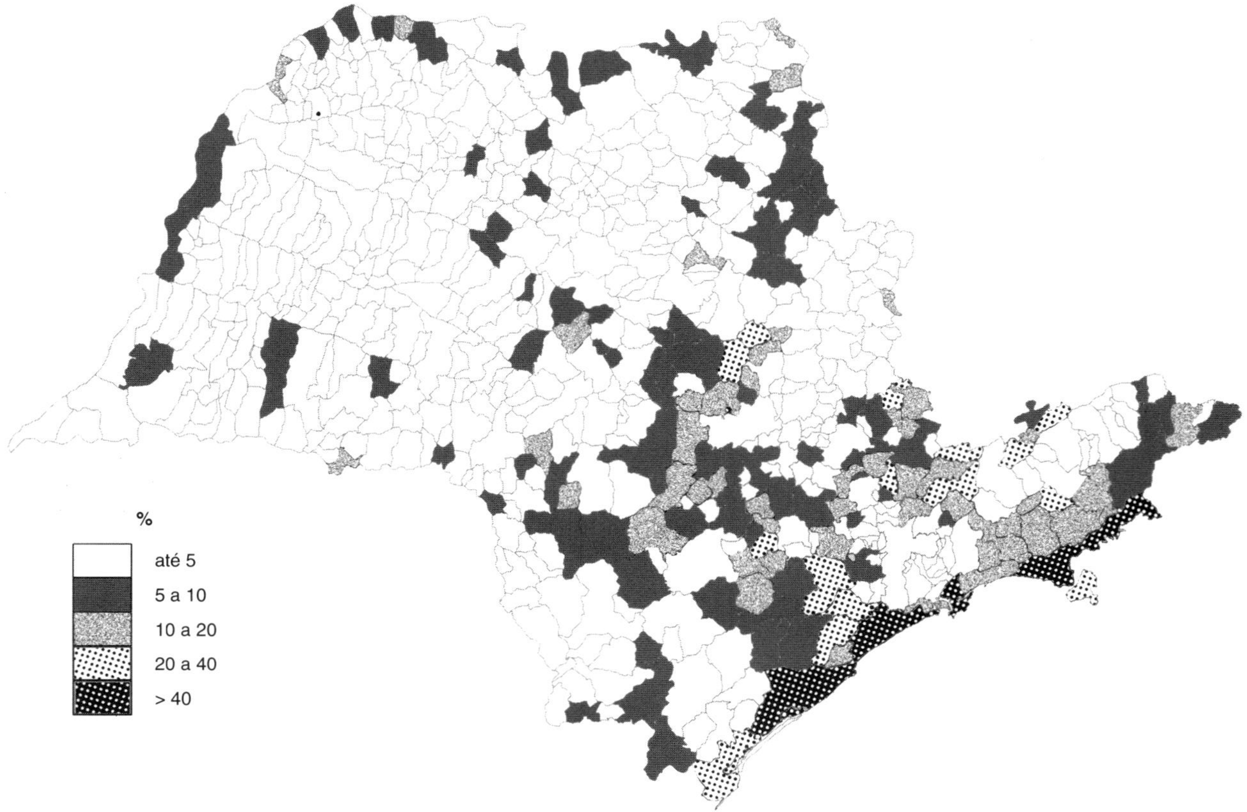

ÁREAS DE CONCENTRAÇÃO DE RESIDÊNCIAS SECUNDÁRIAS

FIGURA 4.2 – ESTADO DE SÃO PAULO – RESIDÊNCIAS SECUNDÁRIAS EM RELAÇÃO AO TOTAL DE DOMICÍLIOS – 1991

%
- até 5
- 5 a 10
- 10 a 20
- 20 a 40
- > 40

TURISMO E MEIOS DE HOSPEDAGEM – CASAS DE TEMPORADA

Isso se evidencia pelo crescimento de residências secundárias no período de 1980 a 1991, que se verifica na maior parte do Estado, principalmente em torno dos emissores representados pelos grandes centros urbanos, como São Paulo, São José dos Campos e Campinas, além dos municípios populosos e desenvolvidos situados no seu entorno.

Prossegue a procura por áreas tradicionais, como os municípios situados junto à região metropolitana de São Paulo e, em alguns casos, que a integram atualmente, como Salesópolis, Biritiba-Mirim, Guararema, Santa Isabel, Juquitiba, Embu-Guaçu e Mairiporã, entre outros. O mesmo ocorre em relação às estâncias hidrominerais e outras áreas serranas do Vale do Paraíba Paulista. O litoral continua a ser procurado, concentrando mais de 200 mil residências secundárias, o que corresponde a 48,08% do Estado.

Nesse mesmo período, novos municípios se definiram como redutos de residências secundárias ao longo da Rodovia Castelo Branco, junto às margens dos rios Tietê, Grande, Paraná e Paranapanema e nas proximidades de áreas de preservação. É expressivo também o número de municípios que passaram a ter maior participação nessa modalidade de alojamento turístico em uma área delimitada, de um lado, por Pirassununga e Mococa e, do outro, por Franca, Ribeirão Preto e São Carlos. Igualmente, definem-se, entre 1980 e 1991, os vários núcleos dispersos por todo o interior do Estado, distribuídos nas proximidades de municípios com mais de 40 mil habitantes.

O desenvolvimento de residências secundárias junto aos rios Grande, Tietê, Paraná e Paranapanema é um fenômeno estreitamente vinculado à criação de represas e lagos que passaram a oferecer novas alternativas para o lazer. Junto aos rios Tietê e Paraná, a evolução recente dessa forma de alojamento aparece associada à implantação de usinas geradoras de energia elétrica pela Cesp (Companhia Energética de São Paulo), que desenvolveu amplo projeto incluindo a ocupação turística nos chamados pólos potenciais, os quais abrangem alguns dos municípios com índices significativos de residências secundárias.

Em 1980, apenas seis municípios lindeiros a esses rios apresentavam índices significativos de residências secundárias: Anhembi (no Rio Tietê); Cristais Paulista, Rifaina e Colômbia (no Rio Grande); Rubinéia e Paulicéia (no Rio Paraná). No período de 1980 a 1991, além dos municípios mencionados, outros definem-se como redutos de residências secundárias: no Rio Tietê – Itapura, Sabino, Sales, Uru, Iacanga, Arealva, Itaju, Boracéia, Itapuí, Mineiros do Tietê, Dois Córregos, Santa Maria da Serra, Botucatu. No Rio Grande, ao norte do Estado – Miguelópolis, Guaraci, Orindiúva, Cardoso, Mira Estrela, Indiaporã, Populina, Santa Albertina. No Rio Paranapanema – Cerqueira César, Paranapanema, Tejupá, Tamburi, Salto Grande, Florínea.

A iniciativa da Cesp pode explicar, ainda, o desenvolvimento extraordinário de residências secundárias em outras áreas de represas como vem acontecendo em Paraibuna, Redenção da Serra, Natividade da Serra e São Luís do Paraitinga.

Outro atrativo expressivo que vem justificando o desenvolvimento de residências secundárias é a presença de áreas de preservação ambiental, como, por exemplo, junto aos municípios de Iporanga, Barra do Turvo, Juquiá, Miracatu, Pedro de Toledo, Itariri, Areias, Silveiras, São José do Barreiro e Bananal. Outros elementos podem-se unir a este, aumentando a atração de certos municípios localizados em áreas de montanha, como em Pedra Bela e Joanópolis, ou no litoral, fato observado em Cananéia, Itanhaém e Peruíbe.

Nesta análise, percebe-se o fator econômico subjacente aos demais. Entretanto, fatores diversos, derivados deste ou localizados nos próprios receptores, aparentemente se sobrepõem para explicar a evolução e a dinâmica dessas concentrações de residências secundárias, marcadas pela procura tradicional de municípios localizados junto à metrópole paulista, no litoral ou integrando as estâncias hidrominerais. Excluídos os municípios que apresentaram redução no índice de residências secundárias, os outros de procura tradicional ampliaram sua participação no total de domicílios na década de 1970 e nas posteriores.

No interior, de modo geral, o maior desenvolvimento das residências secundárias ocorre a partir da década de 1980, quando se definem faixas entre alguns emissores expressivos e se verifica a proliferação difusa em todo o Oeste Paulista.

A evolução e a dinâmica espacial das residências secundárias mostram que, em diferentes momentos, áreas especializadas foram-se definindo no território paulista e que o fenômeno tende a expandir-se, conforme os dados analisados até agora.

REPERCUSSÕES ESPACIAIS E SOCIOCULTURAIS

As repercussões espaciais e socioculturais das residências secundárias estão, em princípio, relacionadas aos turistas e às comunidades receptoras: turistas que se deslocam nos fins de semana ou nas férias para fora do local de moradia permanente e comunidades receptoras que ocupam o espaço físico-territorial das áreas de destino. O desencontro entre objetivos de uns e de outros, permeados pelos interesses de terceiros, a concentração dos turistas no tempo e no espaço e as diferenças entre características econômicas e socioculturais de moradores temporários e permanentes podem gerar repercussões espaciais, negativas ou positivas, nas comunidades receptoras.

A polêmica gerada em torno do assunto prende-se à recente proliferação de residências secundárias associada ao turismo de massa e à urbanização, relação já estabelecida no item anterior. Entretanto, cabem nesta análise algumas considerações pertinentes às repercussões espaciais e socioculturais derivadas dessa forma de alojamento turístico.

Uma das repercussões mais destacadas que se relacionam às residências secundárias é a urbanização. Dois aspectos devem ser considerados nesse processo: o avanço da urbanização para áreas de residências secundárias e a expansão urbana que ocorre nos próprios núcleos receptores, considerando-se, evidentemente, aqueles em que predomina essa forma de alojamento.

No primeiro caso, o efeito principal é a transformação da residência secundária em permanente e a caracterização da localidade como emissora, se outros requisitos existirem (desenvolvimento econômico, população expressiva etc.). Da mesma forma, esse fato repercute nas proximidades onde pode ocorrer o aumento do número de residências secundárias ou definir-se uma nova área de concentração, caso existam condições para isso (espaços livres, vias de transporte, atrativos etc.). São numerosos os exemplos encontrados na região metropolitana de São Paulo e em sua proximidade.

No segundo caso, ocorre a expansão urbana nos próprios receptores, diminuem as residências secundárias em relação ao total de domicílios e o efeito principal é, também, o aparecimento de uma nova área de residências secundárias nas proximidades. Dependendo da intensidade do desenvolvimento econômico, dos atrativos e da estabilidade dessa forma de alojamento, em virtude do aproveitamento de recursos tradicionais e ainda valorizados, essas localidades podem constituir simples emissores ou, então, receptores-emissores. Exemplos de tal situação podem ser observados tanto na região metropolitana de São Paulo como no litoral e no interior. Nesse processo, é o crescimento urbano que concorre para agitar certos núcleos receptores, expulsando os que buscam tranqüilidade. Dessa forma, a área é ocupada por uma nova categoria de turistas, ou a residência secundária fica destinada ao uso permanente. A Baixada Santista passou por essas transformações. Santos, São Vicente e Guarujá, por exemplo, sofreram perda de uma clientela que procurava o mar e, também, tranqüilidade. Na década de 1950, o crescimento regional expulsou esses turistas, que foram procurar áreas mais distantes, entre São Sebastião e Ilhabela (na época, locais de férias para moradores de São Paulo), ou no interior, onde podiam desfrutar da almejada tranqüilidade.

Além disso, residências secundárias podem-se transformar em residências permanentes, em virtude da fixação de antigos turistas que, ao se aposentarem, transferem para o destino de fim de semana seu domicílio principal. Essa transformação no uso de residências secundárias pode ser observada, por exemplo, em São Vicente, Praia Grande e algumas estâncias hidrominerais.

Ocorre, ainda, o oposto, ou seja, a possibilidade de a residência permanente ser transformada em secundária. Nos Alpes do sul da França, as migrações liberaram grande número de domicílios, que se tornaram residências secundárias (Boyer, 1972:128).

A transformação de residências permanentes em secundárias, em alguns casos, tem apresentado efeitos positivos quando "antigas propriedades são restauradas para tal fim" (Mathieson & Wall, 1990:162). Assim, os turistas enriquecem o patrimônio construído ou devolvem vida a comunidades decadentes, contribuindo para a regeneração dos meios rural e urbano.

Outro efeito associado à urbanização é o crescimento demográfico. No litoral centro-sul, principalmente, o "desenvolvimento do turismo de veraneio contribuiu para o aumento demográfico de São Vicente e Guarujá, determinando o crescimento dessas cidades para atender às suas funções" (Keller, 1954:219). Esse mesmo fator foi responsável pela melhor situação demográfica do litoral que se estende para o nordeste de Santos e o desenvolvimento de Itanhaém favorecido pela proximidade de Santos e pela maior facilidade de comunicações (Keller, 1954:215).

Além da urbanização associada à presença de residências secundárias, existem várias repercussões espaciais e socioculturais, registradas por Boyer (1972), Michaud (1983), Mathieson e Wall (1990), Cazes, Lanquar e Raynouard (1990), entre outros, que abordaram o turismo em geral e, em alguns casos, referem-se especificamente a essa forma de alojamento.

Tais estudos recobrem ampla variedade de efeitos relacionados à alteração dos recursos naturais básicos, conflitos quanto à sua utilização em geral, exigências de serviços e equipamentos, dicotomia rural-urbana, sazonalidade quanto à permanência de turistas e relações destes com a comunidade local. Além disso, existem informações sobre medidas para minimizar os efeitos negativos.

Em geral, a preocupação com essas repercussões aparece centralizada nas áreas de montanha e de litoral, principalmente na Europa, que, mais precocemente, conheceram tais efeitos associados ao turismo de massa.

Cazes, Lanquar Raynouard (1990) analisaram repercussões do turismo em áreas de montanha na Europa, inclusive aquelas decorrentes da presença de residências secundárias conforme o processo de evolução. Destacam os autores que, no fim do século XIX, essa forma de alojamento aparecia, em algumas áreas, associada ao desenvolvimento ferroviário e rodoviário intensos e aos equipamentos recreativos, diversificados e refinados, que poucos benefícios traziam à população local.

Entre as duas guerras mundiais, o desenvolvimento rápido do turismo na montanha gerou discussões a propósito dos efeitos controversos da organização dessa atividade, principalmente na Suíça, Itália e França. Um dos efeitos positivos mais notáveis foi a ruptura do isolamento em que vivia a população local, graças à construção de ferrovias, rodovias, teleféricos e funiculares. A venda de terrenos e imóveis, a oferta de empregos complementares e a procura pelo artesanato constituíam fontes de renda para os moradores. Como conseqüência, houve uma retomada demográfica seguida pelo declínio da agricultura. Apesar disso, essa mudança de atividade foi considerada positiva, pois interrompeu o declínio demográfico na montanha (Cazes, Lanquar & Raynouard, 1990:72-88).

Entretanto, o tempo mostrou que essas repercussões positivas não eram suficientes para anular as restrições que muitos faziam ao turismo na montanha. Afinal, os empregos oferecidos eram menos numerosos que o esperado, além de serem temporários e mal remunerados. A venda dos terrenos significou o desaparecimento de terras de cultivos e, a curto prazo, o abandono da atividade agrícola. Constatou-se que a redução do declínio demográfico devia-se, mais freqüentemente, aos imigrantes de outras áreas que eram colocados no gerenciamento de hotéis e que também passaram a dedicar-se ao comércio e à prestação de serviços. Enquanto isso, os jovens locais continuavam em busca de emprego nas cidades vizinhas. A expansão imobiliária, provocada pelo rápido desenvolvimento das residências secundárias, concorreu para aumentar o preço da terra, o que comprometeu a implantação de equipamentos coletivos indispensáveis, como vias de comunicação entre as áreas de esqui (utilizadas por estrangeiros) e a moradia permanente dos que ali trabalhavam. Além disso, os encargos produzidos por essa situação sobrecarregavam os moradores locais, e o aumento da população contribuiu para o aparecimento de núcleos dispersos na montanha, desencadeando o "urbanismo selvagem"(Cazes, Lanquar & Raynouard, 1990:86-8).

Na Europa, também os espaços litorâneos, alcançados precocemente pelo turismo de massa, apresentaram repercussões negativas relacionadas à degradação ambiental e ao desenvolvimento desenfreado do setor imobiliário, que desencadeou a excessiva valorização da terra e a especulação.

Cazes, Lanquar e Raynouard (1990:51) também registram repercussões no litoral europeu conforme a evolução. A fase pioneira, que ocorreu da segunda metade do século XVIII até a década de 1930, com a eclosão do turismo popular, registrou uma transformação radical no comportamento das pessoas que freqüentavam o litoral nas férias e na ocupação do espaço litorâneo. A essa fase, seguiu-se a urbanização linear anárquica dos litorais turísticos, sobretudo após a década de 1950, marcada pelo aumento extremamente rápido da freqüência em virtude da generalização do uso do automóvel como meio de transporte individual, pelo crescimento desenfreado do setor imobiliário turístico e pela especulação. A fase posterior foi assinalada pelo aparecimento da ocupação do espaço de grande envergadura, principalmente entre as décadas de 1960 e 1970, que é marcada pela localização dos alojamentos turísticos, principalmente residências secundárias, junto ao mar (Cazes, Lanquar & Raynouard, 1990:54-5).

Efeitos da pressão turística sobre o litoral europeu, especificamente o francês, em relação às modalidades de alojamento e, principalmente, às residências secundárias, foram analisados por Michaud (1983:140-5). Esse autor registra especulação imobiliária resultante da procura pela faixa de areia imediatamente junto ao mar, tanto para a construção de residências secundárias como de outras formas de alojamentos turísticos. Esse fato concorreu para poluição das águas e das praias, degradação das florestas do mediterrâneo e congestionamento das vias de circulação ao longo do litoral.

Ainda hoje, as maiores críticas ao desenvolvimento do turismo no litoral, especificamente às residências secundárias, prendem-se à ocupação de áreas extensas feita de modo intensivo, que gera repercussões negativas. No Mediterrâneo espanhol, por exemplo, a valorização estendeu-se a um grande trecho litorâneo que se transformou em área conurbada, saturada e degradada com serviços deficientes e, além disso, de baixa qualidade.

Muitas críticas são feitas, também, à privatização das praias provocada pelo adensamento de residências secundárias na estreita faixa de areia imediatamente junto ao mar, impedindo o acesso público. Conforme Boyer (1972:100), a concentração de residências secundárias pode tornar difícil, ou mesmo impossível aos não-proprietários a freqüência a certas praias, como acontece em algumas regiões da França. A propósito desse fato, Girondin (1989:65) observa que, em alguns países, a recuperação vem sendo feita com a abertura de passagens públicas.

A privatização de praias que acontece no litoral paulista e em tantas outras áreas corresponde a uma atitude individual dos proprietários de residências secundárias ou a iniciativa de imobiliárias, objetivando preservar o acesso e valorizar seu empreendimento.

Existe, também, conforme Pearce, uma relação entre residências secundárias e portos de recreio, pois a localização destes depende da demanda de amarradores e, portanto, da população residente. Na França (região do Var), Perret e Bruère (1970) verificaram que havia, aproximadamente, um amarrador de barcos com mais de duas toneladas, para cada 10 residências secundárias (*Apud* Pearce, 1988:56).

Outra repercussão no ambiente litorâneo refere-se à competição quanto aos recursos marinhos entre proprietários de residências secundárias (Cazes, Lanquar & Raynouard, 1990:59-60) e os moradores das comunidades pesqueiras, que se utilizam das mesmas superfícies líquidas para desenvolver suas atividades rotineiras.

Nas zonas rurais e urbanas, as repercussões espaciais assinaladas por vários autores indicam conflitos em relação à utilização de recursos naturais e humanos, excessiva valorização da terra e construções em desacordo com aquelas existentes quanto "aos materiais empregados e métodos herdados de um longo conhecimento do clima, relevo e dos modos de vida locais" (Boyer, 1972:100).

A necessidade de um espaço físico-territorial para a residência secundária tem revelado efeitos negativos como, por exemplo, a degradação das paisagens e de recursos naturais básicos (poluição das águas, desmatamento etc.), contribuindo para a redução das qualidades cênicas. Esse fato torna-se mais grave se for considerado que o estabelecimento das residências secundárias acontece nos lugares mais pitorescos e de vistas mais atraentes, geralmente localizados nos pontos mais altos e também ecologicamente muito sensíveis (Baud-Bovy e Lawson, 1977:85). No litoral paulista, alguns desses problemas ambientais foram relatados por Rodrigues (1988:415-9).

Na zona rural, a pressão urbana, com a presença e o desenvolvimento das residências secundárias, repercute negativamente, concorrendo para o parcelamento da estrutura fundiária, que, além de fragilizar a economia local (Baud-Bovy e Lawson, 1977:117), concorre, indiretamente, para o êxodo rural. Outra crítica corresponde à subutilização de certos recursos como, por exemplo, a terra, e ao abandono do setor primário que conduz ao aumento do terciário. A concentração no tempo e no espaço são atenuados quando as zonas atingidas são muito amplas e pouco ocupadas.

Analisando o caso da Walonia rural, Mormont (1987) assinalou conflitos entre campistas e o governo local que envolveram também os proprietários de residências secundárias. Campistas e proprietários de residências secundárias colocaram-se em campos opostos quanto à má utilização de recursos naturais. A solução do governo local, contrária aos campistas, acabou fortalecendo os proprietários de segunda residência. Esse fato registra não só conflitos entre a comunidade e turistas, mas também mostra que proprietários de residências secundárias podem ganhar prestígio nessas comunidades.

Essa idéia é reforçada pelo trabalho de Girard e Gartner (1993:691-2) que investigaram proprietários de residências secundárias em Cumberland (Wiscosin), evidenciando esse meio de hospedagem como importante elemento em certas áreas rurais. Mais que isso, esses autores mostraram que os proprietários de residências secundárias têm poder suficiente para influenciar as facilidades, os serviços e os aspectos socioculturais das comunidades e que, com suas atitudes e percepções, podem ser mais importantes para determinar o rumo do desenvolvimento local que os próprios moradores permanentes.

Tanto no meio rural como urbano, a influência dos proprietários de residências secundárias pode ocorrer, ainda, em função da força política, derivada de contatos e da posição que ocupam e, além disso, porque alguns transferem seu domicílio eleitoral para o destino de fim de semana. A pressão feita sobre o governo pode contribuir para a emancipação política, e a interferência torna-se mais significativa quando um proprietário de residência secundária é escolhido como representante da comunidade, para um mandato político. Praia Grande, no litoral paulista, constitui, em sua fase inicial, um exemplo da influência de proprietários de residências secundárias na emancipação e liderança política.

Muitas vezes, os moradores locais distinguem categorias diferentes de proprietários de residências secundárias, embora nem todos tenham o mesmo nível econômico. Ireland (1987:92) analisou o caso da Cornuália (Inglaterra), onde a população sempre respeitou, e continua respeitando, uma "classe turística superior", que sempre viveu em harmonia com os moradores locais e, ao contrário, rejeita aquela vinda no pós-guerra que transgride barreiras culturais.

A propriedade da terra por estrangeiros pode ter repercussões negativas em razão da falta de laços com o país e das diferenças observadas quanto ao idioma e aos costumes. A acentuada diversidade e a concentração espacial de estrangeiros em certos países concorreram para que alguns autores estabelecessem uma analogia dessa situação com o colonialismo. É o neocolonialismo do espaço a que se referem Sanchez, Mormont e outros.

A questão da propriedade envolve também o custo da terra. Pearce (1988:57) observa que é comum, no desenvolvimento espontâneo de residências secundárias, de iniciativa privada, a divisão do espaço em pequenas parcelas, e que a rápida aquisição da terra provavelmente minimiza os efeitos da especulação imobiliária, reduz os custos legais e permite uma recuperação mais rápida do que qualquer outra inversão. O autor destaca também que os lugares que oferecem maior extensão de terras com um número menor de proprietários são mais favorecidos nesse aspecto em relação àqueles cuja propriedade é muito fragmentada entre vários indivíduos.

Muitas vezes, os turistas despertam a consciência da coletividade local e a repercussão negativa transforma-se em positiva para a comunidade. Foi o que se verificou na Walonia, estudada por Mormont, onde a "brutal apropriação da terra (muito antes da saída dos fazendeiros) levou as pessoas do campo a perceberem que o seu valor potencial era muito mais alto do que eles pensavam e que não era mais deles...". O turismo passou, então, a ser considerado, nessa forma de propriedade individual, fonte de lucro baseada não no trabalho nem no valor da terra, mas na especulação pura. Essa reação foi sustentada por ter sido a exploração comercial das terras apoiada por fundos externos e contrária a vários aspectos da tradicional ideologia rural. Para sua defesa, essas comunidades chegaram a criar movimentos como o neo-ruralista, que ganhou força na década de 1960 e que almejava envolver trabalhadores da cidade e do campo e até proprietários de residências secundárias (Mormont, 1987).

O mesmo autor observa que, atualmente, os meios rural e urbano não são tão diferenciados e que os grupos sociais não vivem isolados em seus territórios com suas próprias atividades e hábitos culturais. As pessoas estão usando o campo para o lazer e querem que ele seja diferente e permaneça intacto (Mormont, 1987).

Em relação às repercussões espaciais e socioculturais da localização das residências secundárias nas zonas urbana e rural no Estado de São Paulo, ainda pouco conhecidas, deve ser considerada a vinculação dessa forma de alojamento com o turismo doméstico e de fim de semana, o que atenua possíveis efeitos culturais. Estes, entretanto, englobam aspectos já relatados por muitos autores, como a degradação ambiental, a construção em zonas impróprias, congestionamentos, falta e encarecimento dos produtos, sobrecarga nos equipamentos e serviços públicos, entre outros.

Especificamente na zona rural, é preciso cautela na opção pelo desenvolvimento turístico apoiado em residências secundárias, pois, paralelamente aos efeitos positivos já analisados, isso poderá significar redução do espaço destinado à agricultura e à pecuária. De qualquer forma, são problemas que podem ser resolvidos com bom senso e adoção de medidas legislativas para a gestão dos espaços rural e urbano.

Repercussões relacionadas à utilização da mão-de-obra local também foram relatadas. A demanda de mão-de-obra para residências secundárias envolve construção, reforma e prestação de serviços diversos ou às obras de infra-estrutura, particularmente estradas, tratamento de esgoto, abastecimento de água e de energia elétrica.

A demanda pela mão-de-obra local, em geral, repercute positivamente, pois significa renda para os moradores. Entretanto, a temporalidade na permanência pode determinar períodos alternados de trabalho mais ou menos intensos com outros de menor atividade, sendo este último marcado pela ocupação em outras atividades ou, o que é pior, pela falta de trabalho.

Com relação ao turismo em geral, Sanchez (1985:114) observa que o setor de construção é o mais estável durante o ano, embora a mobilidade das construtoras repercuta, paralelamente, no deslocamento da população economicamente ativa, desencadeando problemas sociais, pois a família permanece no local anterior. Em contrapartida, a demanda por residências secundárias pode favorecer trabalhadores locais do setor de construção civil.

No Guarujá, a "febre de loteamentos a partir da década de 1950 desenvolveu a construção civil, constituindo-se em uma fonte de emprego para a população e permitindo o desenvolvimento de pequenas indústrias ligadas a tal atividade, como de blocos de cimento e tijolos comuns" (Medeiros, 1965:132). O mesmo efeito positivo ocorreu em Bertioga, onde foram criadas oportunidades de trabalho para a população que, até a década de 1960, não encontrava ocupação no local (Medeiros, 1965:132) e precisava deslocar-se para outras áreas da Baixada Santista. Na Praia Grande e em Mongaguá, o turismo em geral, que nesses dois casos está apoiado na presença de residências secundárias, estimulou a criação de empresas de transporte e o comércio de imóveis (Magalhães, 1965), fato que também ocorreu em Santos e São Vicente.

A presença de turistas contribuiu também para a melhoria das condições de acesso, principalmente entre Guarujá e Bertioga. Pequeno núcleo colonial esquecido no tempo, Bertioga, até o fim da década de 1950, só podia ser alcançado por embarcações que navegavam pelo canal interior que separa a ilha de Santo Amaro do continente. Além disso, a ligação rodoviária da área urbana do Guarujá com Bertioga contribuiu para desenvolver a pesca no Perequê, praia situada entre os dois pontos da ligação mencionada, que passou a atender os turistas.

No litoral paulista, essas repercussões positivas, geradas pela proliferação de residências secundárias e pelo turismo em geral, foram acompanhadas por efeitos negativos decorrentes da falta de planejamento para atender à demanda que foi extraordinariamente aumentada pelo lazer de proximidade. Esse tema, que escapa aos objetivos desta pesquisa, foi analisado por Rodrigues (1988), no que se refere ao litoral paulista e por Fourneau (1983), no caso de Sevilha (Espanha).

No litoral paulista, foram observadas repercussões negativas na infra-estrutura, em geral, como falta de água, de energia elétrica, insuficiência da rede de esgotos e precariedade dos meios de transportes coletivos. A estes acrescentam-se outros efeitos negativos, como os congestionamentos, gerados pelas dificuldades decorrentes da circulação, preço abusivo e falta de produtos básicos, além de outros. Com referência à Baixada Santista, até a década de 1970, existem registros de Magalhães e Medeiros (1965). Algumas dessas repercussões foram sanadas. Outras, entretanto, continuam desafiando o poder público ou constituindo motivo de preocupação e constrangimento para moradores e turistas.

Em Águas de São Pedro, estância hidromineral do interior paulista, Rodrigues mostrou repercussões das residências secundárias, entre as quais a elevação dos preços dos terrenos, dos tributos municipais e dos gêneros alimentícios. Além disso, a população fixa ressente-se da falta de atendimento médico e educacional adequado às suas necessidades e não pode utilizar-se do comércio, que é essencialmente voltado para o atendimento da demanda externa. A esses problemas acrescentam-se outros, como a poluição das fontes e da rede de abastecimento da cidade, provocada pelo lançamento do esgoto *in natura* no mesmo rio onde se realiza a captação de água (Rodrigues, 1985:263-71).

A relação entre proprietários de residências secundárias e moradores, raramente analisada, aparece na pesquisa de Rodrigues (1985) com relação a Águas de São Pedro, e também em Solha (1992:84), que estudou Vila Caiçara, no município de Praia Grande. Nesse bairro, verificou-se que não existe vida comunitária e participativa entre turistas e moradores. Entre os moradores, observou-se também que 39% estavam conscientes da necessidade do turismo como motivador do desenvolvimento do bairro, 29% não sentiam que o turismo interferia em suas vidas e 22% consideravam a atividade turística prejudicial, alegando que, entre outros motivos, cria dificuldades (5%), como mudança da rotina e falta de sossego, além de causar outros transtornos, como excesso de sujeira (17%) e "bagunça" (7%). Ressentiam-se também dos problemas de falta de infra-estrutura para os turistas (12%) (Solha, 1992:83).

O pouco tempo de utilização, comparado a outras formas de alojamento, constitui uma das mais severas e freqüentes críticas à residência secundária.

Enquanto áreas de *camping* e *trailers* são ocupados 60 dias por ano, e os leitos de hotéis 100 a 150 dias por ano, as residências secundárias são utilizadas anualmente de 15 a 40 dias (Michaud, 1983:100) ou, em média, 4 semanas (Girondin, 1989:83). A curta permanência no uso repercute na mão-de-obra envolvida na prestação de serviços e pode concorrer para despovoar, na baixa estação, algumas regiões especializadas em residências secundárias.

No caso do Estado de São Paulo, esses cálculos devem ser refeitos, pois aqui, ao contrário dos exemplos mencionados, a ocupação da residência secundária não está tão sujeita às restrições climáticas e ao turismo externo como acontece em outros países.

A escassez de estudos sobre as repercussões espaciais e socioculturais das residências secundárias dificulta uma análise geral. No Estado de São Paulo, assim como acontece em qualquer parte do mundo, o assunto é polêmico e, em virtude do pequeno número de casos analisados, qualquer crítica apressada, emitida sem a fundamentação oferecida por pesquisas sistemáticas, pode ser temerária.

O caráter polêmico do tema evidencia-se nas poucas pesquisas realizadas que avaliam esses efeitos. Por exemplo, Seabra (1976:122), referindo-se a Santos, critica o desenvolvimento da segunda residência em virtude do capital ocioso investido e imobilizado e dos custos sociais com uma habitação cujo uso é eventual e não constitui suporte para a vida cotidiana. Ao contrário, Aulicino (1994:93), avaliando alguns impactos socioeconômicos da atividade turística sobre municípios paulistas, reconhece efeitos positivos quando afirma que "o aumento dos domicílios de uso ocasional tende a gerar muita receita própria para os municípios, enquanto melhora também seus indicadores sociais de número de telefones e o consumo residencial ou geral de energia elétrica". Além disso, por meio da análise feita, a autora obteve indícios de que "... a atividade turística gera empregos, gera renda para os municípios e uma melhor qualidade de vida para sua população ..." (Aulicino, 1994:94).

A preocupação com as repercussões provocadas por residências secundárias em suas mais diversas formas, que incluem chácaras e sítios de recreio e de lazer, pode ser percebida na obra *Propostas de Zoneamento Ambiental das Áreas de Preservação do Estado de São Paulo*, publicada em 1992, pela Secretaria do Meio Ambiente. Não se observa mais omissão dos órgãos do governo em relação a esse fenômeno, mas uma proposta criteriosa estipulando diretrizes de uso e de ocupação do solo, recomendadas ou proibidas, compatíveis ou permissíveis sob controle, que incluem o turismo entre outras atividades. Nessa obra, os conflitos assinalados para residências secundárias em relação às áreas de preservação ambiental aparecem, geralmente, associados aos recursos naturais básicos e aos fatores sociais provocados pela expansão dos loteamentos, que podem degradar o ambiente se não forem controlados.

Percebe-se, pelo relato desses casos, apoiado em observações empíricas e pesquisas sistemáticas, que as residências secundárias geram repercussões positivas e negativas que devem ser consideradas quando o desenvolvimento turístico incluir essa forma de alojamento. Embora apoiada em exemplos estrangeiros, uma vez que pouco se conhece sobre o caso paulista, esta análise deveria interessar, principalmente, aos governantes de municípios que já enfrentam os problemas assinalados e também àqueles que fizerem opção pelo turismo apoiado em residências secundárias.

CONCLUSÕES

As múltiplas análises realizadas no decorrer deste estudo, para avaliar a presença, a dimensão e a expressividade das residências secundárias no Estado de São Paulo, levam a uma série de conclusões importantes para o planejamento do turismo.

Inicialmente deve ser ressaltado que, de modo geral, o desenvolvimento de residências secundárias no território paulista não escapa aos padrões observados no mundo inteiro, fato que pode ser verificado por meio de quatro características fundamentais:

1. relação com áreas populosas, urbanizadas e desenvolvidas;
2. grande desequilíbrio na distribuição espacial;
3. relação com o turismo de fim de semana;
4. procura por municípios dotados de atrativos naturais, entre os quais se sobressaem as superfícies líquidas (mar, rios, represas), fontes hidrominerais, serras, montanhas e áreas de preservação ambiental.

A localização dos municípios mais populosos permitiu estabelecer a ligação com áreas urbanizadas e desenvolvidas e identificar emissores expressivos principais e secundários que se completam com os emissores-receptores. A distribuição de residências secundárias em torno desses centros, formando cinturões ou constituindo faixas reflete, de certa forma, essa relação com a urbanização, fato que se torna mais perceptível no interior do Estado quando se observam as manchas difusas, dispostas junto aos principais emissores expressivos secundários. Além disso, a presença de municípios com índices expressivos de residências secundárias ao longo das rodovias mais importantes evidencia a proximidade com o domicílio permanente, estabelecendo a relação dessa forma de alojamento com o turismo de fim de semana. Porém, a relação distância-tempo, embora seja relevante para a seleção de destinos, merece ser cuidadosamente avaliada, diante da rápida transformação que se vem operando na tecnologia dos transportes. Verificou-se, ainda, que o efeito positivo decorrente da presença de rodovias no desenvolvimento de residências secundárias pode-se converter em negativo quando contribuir para reduzir a atratividade de certas áreas. Foi o que aconteceu na região metropolitana de São Paulo e já começa a manifestar-se em Colômbia, ao norte do Estado.

O grande desequilíbrio na distribuição espacial de residências secundárias concorre para dividir o Estado de São Paulo em duas grandes áreas diferenciadas quanto aos índices em relação total de domicílios. As maiores concentrações aparecem polarizadas pelos emissores principais cuja influência se estende, também, aos emissores-receptores. Em uma ordem seqüencial destacam-se: o litoral paulista, detentor dos maiores índices do Estado; a larga faixa de residências secundárias existentes entre os emissores e São Paulo e Sorocaba, que se prolonga junto aos emissores Campinas e São José dos Campos. Deve ser destacada, ainda, a faixa ao longo do Vale do Paraíba Paulista, que já está integrada ao litoral.

No interior, as manchas difusas, definidas a partir de 1991, aparecem junto aos centros urbanos, os chamados emissores expressivos secundários, e suas ligações com os recursos naturais são facilmente observadas pela distribuição de municípios ao longo dos rios Tietê, Grande, Paraná e Paranapanema.

É provável que o caráter das residências secundárias mude no futuro. A recente proliferação de condomínios horizontais, algumas vezes organizados em clubes, parece emergir no mercado, porém continua privilegiando fatores da natureza, aos quais se acrescentam as fontes termais, como já vem acontecendo em alguns municípios do Oeste Paulista. Embora quase nada se conheça sobre antigas construções que se tenham transformado em residências secundárias, este é um assunto que merece atenção. Afinal, a preservação de edificações constitui uma das mais destacadas repercussões positivas atribuídas às residências secundárias.

Várias questões poderiam ser abordadas no estudo local e regional das residências secundárias. Entretanto resultados conclusivos só poderiam ser obtidos após estudo de todos os meios de hospedagem, a fim de avaliar, com precisão, o real significado das residências secundárias no Estado de São Paulo.

Esta pesquisa, que oferece resultados gerais para o território paulista, pois não era outro seu propósito, desperta novas questões e suscita dúvidas quanto aos aspectos discutidos, que poderiam ser esclarecidos com abordagens locais e regionais imprescindíveis para o planejamento do turismo em geral. Muito, ainda, existe para ser pesquisado. Não se conhecem, por exemplo, características dos imóveis, condições de ocupação e propriedade, idade das edificações, valor de mercado, transformações de uso, condições de compra e de construção. Da mesma forma, pouco se sabe sobre implicações decorrentes do valor da terra e da localização em áreas urbanas e rurais. A aquisição de residências secundárias por estrangeiros é outro assunto que deveria merecer atenção, pois, nesse caso, existem implicações diferentes daquelas provocadas pelo turismo doméstico. No Estado de São Paulo, poucos estudos foram realizados sobre características socioeconômicas de usuários de segunda residência, sobre sua procedência e suas motivações, que podem ou não estar ligadas a um projeto de vida, laços de parentesco e amizade, transmissão da propriedade por herança, *status*, e tantas outras que podem ainda não ter sido detectadas.

Aspecto, sem dúvida, interessante é a idealização da residência secundária na mídia, a imagem que dela fazem os que a compram, fato que contribuiria para mostrar facetas escondidas das motivações. Na prática, a análise dessa questão pode, também, revelar a emergência, retração ou expansão de mercados e, da mesma maneira, detectar os momentos em que ocorre a ocupação, assim como identificar áreas significativas do turismo estacionário e explicar a evolução e a dinâmica particular de áreas privilegiadas pelas campanhas de *marketing*.

Sobremaneira importante é a iniciativa de agentes externos aos núcleos receptores que, por meio de seus empreendimentos, acabam definindo rumos da expansão e interferindo na intensidade de concentração de residências secundárias. Quanto à iniciativa do poder público local, pouco se sabe de seu interesse pelo desenvolvimento turístico apoiado em residências secundárias. Os benefícios que uma análise dessas particularidades poderiam trazer para os municípios interessados envolvem, principalmente, o controle espacial para sanar repercussões negativas, e acima de tudo, para adotar medidas preventivas.

Inevitável se torna ressaltar que a multiplicação de residências secundárias deve estar sujeita ao planejamento, a fim de que se efetive o controle do espaço pelo poder público local, ao qual compete prever e resolver os conflitos gerados.

Percebe-se que muitas são as dúvidas e questões levantadas na abordagem desse fenômeno que tem sua evolução e dinâmica atreladas à economia brasileira, às diretrizes políticas estaduais e, principalmente, locais e que, além disso, está sujeito às preferências pessoais e aos modismos. A expansão do fenômeno no Estado de São Paulo e a permanência na procura por recursos naturais são alguns fatos que mostram a necessidade e a urgência de estudos nesse campo.

Considerando que os principais interessados no desenvolvimento turístico apoiado em residências secundárias são os próprios municípios que, afinal, desfrutam das vantagens e dos prejuízos decorrentes desse fenômeno e que, além disso, detêm o encargo do planejamento e controle local, a eles estão dirigidas as seguintes propostas:

1. distribuição de projetos de loteamentos para residências secundárias em núcleos pequenos e médios para evitar grandes concentrações que trazem as já mencionadas repercussões negativas;

2. desenvolvimento do turismo integrado por meio da diversificação da oferta em geral e, particularmente, de outras formas de alojamento turístico.

Finalmente, espera-se que os novos caminhos que esta pesquisa possa ter revelado ofereçam subsídios para aqueles que, porventura, venham a interessar-se por este atual, fascinante e polêmico assunto.

BIBLIOGRAFIA

Obras e artigos de caráter geral

ALVAREZ, José R. Diaz. Geografía del turismo. Madrid, Síntesis, 1989,152p.
ARAÚJO FILHO, J.R. A expansão urbana de Santos. In: *Baixada Santista*. São Paulo, Edusp, 1965, v.3. pp. 21-63.
AZZONI, Carlos Roberto. Desenvolvimento do turismo ou desenvolvimento turístico – Reflexões com base em duas regiões atrasadas de São Paulo. In: *Turismo em análise*. São Paulo, ECA-USP, 1993, v.4, n.2. pp. 37-53.
BACAL, Sarah S. *Lazer – Teoria e pesquisa*. São Paulo, Edições Loyola, 1988, 94p.
BAUD-BOVY, Manuel & LAWSON, Fred. *Tourism and recreation development*. Boston, CBI, 1977, 209p.
BONIFACE, Brian F. & COOPER, Christopher P. The geography of resources for tourism. In: *The geography of travel and tourism*. Oxford, Heinemann Professional Publishing, 1987, pp. 17-29.
BOYER, Marc. *Le Tourisme*. Paris, Éditions du Seuil, 1972, 261p.
CARRASCAL, Eurosia. *Actividad turística y assimilación territorial en la costa Nayarita*. México, Boletin del Instituto de Geografía, 1987, n.17.
CAZES, George; LANQUAR, Robert & RAYNOUARD, Yves. *L'aménagement touristique*. Paris, PUF, 1990 (Coleção Que Sais-Je?).
COSTA, Emília Viotti. Cotia e Itapecerica da Serra, subúrbios agrícolas. In: *A cidade de São Paulo. Estudos de geografia urbana*. São Paulo, Companhia Editora Nacional, 1958, v. IV. pp.109-79 (Coleção Brasiliana, Série Grande Formato).
DERRUAU, Max. O turismo – Os tipos de turismo. In: *Geografia humana*. Lisboa, Editorial Presença, 1973, v.II, pp. 87-101.
DIÁZ, Edgar Affonso Hernandez. Identificación y selección de sitios y programas de desarrollo turístico. In: *Proyectos turísticos – Formulación y avaluación*. México, Trillas, 1993, pp. 25-38.
FERNÁNDEZ, Elena Bardón. El turismo rural em España. Algunas iniciativas públicas. In: *Estudios turísticos*. Madrid, Instituto de Estudios Turísticos, 1987, n.2, pp. 63-76.
GIL, Fernando Martin. Nuevas formas de turismo en los espacios rurales españoles. In: *Estudios turísticos*. Madrid, Instituto de Estudios Turísticos, 1994, n.122, pp. 15-39.
GIRODIN, P. *Geographie de l'hôtellerie et du tourisme*. Paris, Jacques Lanore, 1989, 207p.
GRADE, Carlos Giner. La regeneración de las playas españolas como factor incentivador del turismo. In: *Estudios turísticos*. Madrid, Instituto de Estudios Turísticos, 1994, n.122, pp. 5-14.
GUNN, Clarence A. Vacationscape. *Designing tourist regions*. EUA, A. Von Norstrand Reinhold Book, 1988.
HAWKINS, D.E. Hudman. Impacts on the physical environment. In: *Tourism in contemporary society*. New Jersey, Prentice Hall, 1989, pp. 234-44.
JOHNSTON, R.J. (Ed.). *Dictionary of human geography*. New York, The Free Press, 1989.
KELLER, Elza Coelho de Souza. Notas sobre a evolução da população do Estado de São Paulo de 1920 a 1950. In: *Aspectos geográficos da terra bandeirante*. Rio de Janeiro, Instituto Brasileiro de Geografia e Estatística. Conselho Nacional de Geografia, 1954, pp. 209-36.

LANQUAR, Robert. *Sociologie du tourisme et des voyages.* Paris, PUF, 1985, 125p. (Coleção Que sais-je?).
LEA, John. Tourism environmental social, and cultural impacts. In: *Tourism and development in the Third World.* London, Routledge, 1991, pp. 51-73.
LOZATO-GIOTART, Jean Pierre. *Geographie du Tourisme.* 2.ed., Paris, Masson, 1987.
MAGALHÃES, Erasmo. Praia Grande e Mongaguá. In: *Baixada Santista.* São Paulo, Edusp, 1965, v.3, pp. 65-77.
MATHIESON, Alister & WALL Geoffrey. *Turismo – Repercusiones económicas, físicas y sociales.* México, Trillas, 1990, 277p.
MEDEIROS, Diva B. Bertioga. In: *Baixada Santista.* São Paulo, Edusp, 1965, v.3, pp. 153-74.
MEDEIROS, Diva B. Guarujá. In: *Baixada Santista.* São Paulo, Edusp, 1965, v.3, pp. 113-52.
MEINUNG, A. Determinants of the attractivenes of a tourism region. In: *Tourism marketing and management handbock.* Great Britain, Prentice Hall, 1989, pp. 99-101.
MONTEIRO, Carlos Augusto de Figueiredo. Os espaços de lazer. In: *O clima e a organização do espaço no Estado de São Paulo: problemas e perspectivas.* São Paulo, Instituto de Geografia-USP, 1976, pp. 42-5.
PEARCE, Douglas. *Tourism Today.* London, Longman, 1988, 227p.
PENTEADO, Antonio Rocha. A Ilha de São Vicente. In: *Baixada Santista.* São Paulo, Edusp, 1965, v.3, pp. 11-9.
PENTEADO, Antonio Rocha. Os subúrbios de São Paulo e suas funções. In: *A cidade de São Paulo. Estudos de geografia urbana.* São Paulo, Companhia Editora Nacional, 1958, v.IV, pp. 5-60 (Coleção Brasiliana, Série Grande Formato).
PENTEADO, Antonio Rocha. A área suburbana de São Paulo e sua caracterização. In: *Anais da AGB.* São Paulo, 1961, v.XII, pp. 207-15.
SÃO PAULO (Estado). Coordenadoria de Planejamento Ambiental. Áreas de proteção ambiental do Estado de SãoPaulo – APAs – *Propostas de zoneamento ambiental.* São Paulo, Secretaria do Meio Ambiente, Coordenadoria de Planejamento Ambiental, 1992, 76p. (Série Documentos).
SÃO PAULO (Estado). Conselho Estadual de Recursos Hídricos. *Plano estadual de recursos hídricos: primeiro plano do Estado de São Paulo.* São Paulo, DAEE, 1990, 140p.
WASHINGTON. Secretaria General de la Organización de Estados Americanos. *Compedio de Estudios Especiales para el Desarrollo del Turismo.* Secretaria Ejecutiva para Asuntos Económicos y Sociales, Departamento de Desarrollo Regional y Medio Ambiente, 1993.
SECRETARIAT d'Etat au Tourism. Le moniteur des travaux publics et du batiment. *Aménagement et éqquipementes pour le tourisme et les loisirs.* 2.éd., 1977, 391p.
SMITH, Stephen L. J. *Tourism análisis.* México, Trillas, 1989, 312p.
SMITH, Stephen L. J. *Geografia recreativa – Investigación de potenciales turísticos.* México, Trillas, 1992, 289p.
SOUZA, Maria Adélia Aparecida de. *Urbanização. São Paulo em temas.* Instituto Geográfico e Cartográfico. Secretaria de Economia e Planejamento. Coordenadoria de Ação Regional, 1990.
TULIK, Olga. Recursos naturais e turismo: tendências contemporâneas. In: *Turismo em análise.* São Paulo, ECA-USP, 1993, v.4, n.2, pp. 26-36.

Obras e artigos de caráter específico

BARKER, Mary L. Traditional landscape and mass tourism in the Alps. In: *The geographical review*. New York,1982, v.72, n.4, pp. 395-415.
BELL, Michael. The spatial distribution of second homes: a modified gravity model. In: *Journal of leisure research*. Washington, 1977, v.9, n.3. pp. 225-32.
CLOUT, Hugh D. Second homes in the Auvergne. In: *The geographycal review*. New York, 1971, v.61. n.4. pp. 530-53.
FORNEAU, Francis. Loisirs de proximité et residences secondaires autour d'une métropole régionale: le cas de Séville. In: *Norois*. 1983, n.120, pp. 619-24.
GIRARD, T. C. & GARTNER, W. C. Second home second view – host community perceptions. In: *Annals of Tourism Research*. New York, Pergamnon Press, 1993, v.20, n.4, pp. 685-700.
HART, John Fraser. Resort Areas in Wisconsin. *Annals of the Association of American Geographers*. 1984, v.74, n.2, pp. 192-217.
IRELAND, Michael. *Geografía del turismo*. Madrid, Síntesis, 1987, 152p.
KOSTRUBIEC, B. & TERENKOCZY, B. Les loisirs urbains et péri-urbains de Wroclaw. In: *Norois*. 1983, n.100, pp. 630-41.
LANGENBUCH, Juergen R. Os municípios turísticos do Estado de São Paulo: determinação e caracterização geral. In: *Geografia*. São Paulo, 1977, v.2, n.3, pp. 1-49.
LIBERAL, Juan Requenjo. El papel de la planificación en la resolución de los conflitos entre agricultura y turismo en el litoral y sus efectos sobre el medio ambiente. *Estudios y perspectivas en turismo*. 1993, v.2, n.1, pp. 54-65.
MICHAUD, Jean Luc. La résidence secondaire ou résidence oisive. In: *Le tourisme face à l'environnement*. France, PUF, 1983, pp. 107-29.
MICHAUD, Jean Luc. *Le tourisme face à l'environnement*. France, PUF, 1983, 235p.
MORMONT, Marco. Tourism and rural change: the symbolic impact. In: *Who from their labours rest? Conflit and practice in rural tourism*. Great Britain, Avebury, 1987, pp. 35-44
NOVO, Francisco Garcia. Efectos ecológicos del equipamiento turístico. In: *Estudios territoriales*. Madrid, 1982, n.5, pp. 137-44.
RAGATZ, Richard Lee. Vacation homes in the northeastern united States: seasonality in population distribution. In: *Annals of Association of Geographers*. 1970, v.60, pp. 447-55.
RENARD, Jean. Tourism balneáire et structures foncières: l' exemple du littoral vendéen. In: *Norois*. 1972, n.73, pp. 67-29.
RODRIGUES, Adyr B. Le tourisme et les problemes de protection de lénvironnment sur le littoral de l'Etat de São Paulo. In: *Notes et Comptes Rendus, Les Cahiers d'Outre Mer*. Bordeaux, 1988, n.164, pp. 415-9.
RODRIGUES, Adyr B. Urbanization et tourisme de proximité: l'exemple de l'aglomeration de São Paulo. In: *Notes et Comptes Rendus, Les Cahiers d'Outre Mer*. Bordeaux, 1988, n.164. pp. 409-14.
SANCHEZ, Joan-Eugeni. Por una geografía del turismo de litoral – Una aproximación metodológica. In: *Estudios Territoriales*. Madrid, 1985, n.17 p.103-22.
SEABRA, Odette C. L. *A muralha que cerca o mar*. São Paulo, FFLCH/USP, 1979, 122p. (Dissertação de Mestrado).

TAUVERON, A. L'espace-temps du week-end. In: *Revue de Géographie Alpune*. Grenoble, 1985, v.73, n.3, pp. 247-58.

TEIXEIRA, Gilberto José Weinberger. Um modelo probabilístico para estimar a demanda de atividades de lazer. In: *Revista de administração*. São Paulo, FEA-USP, 1968, v.13, n.2, pp. 56-71.

WOLFE, R.I. Discussion of vacation homes, enviromental preferences and spatial behavior. In: *Journal of Leisure Research*. Washington, 1970, v.1, n.2, pp. 85-7.

Teses e dissertações não-publicadas

DIAS, Célia M. de Morais. *Home away from home – Evolução, caracterização e perspectiva da hotelaria: um estudo compreensivo*. São Paulo, ECA-USP, 1991 (Dissertação de Mestrado).

RODRIGUES, Adyr. *Águas de São Pedro – Estância paulista. Uma contribuição à geografia da recreação*. São Paulo, FFLCH-USP, 1985, 286p. (Tese de Doutorado).

SOLHA, Karina T. *Residências secundárias como expressão do lazer de proximidade: o exemplo de Vila Caiçara (Praia Grande)*. São Paulo, 1992, 130p. (Trabalho de Iniciação Científica).

Fontes estatísticas

SECRETARIA de Planejamento, Orçamento e Coordenação – Fundação Instituto Brasileiro de Geografia e Estatística (IBGE). *Sinopse preliminar do censo demográfico – 1991*. São Paulo. Rio de Janeiro, 1991, n.19.

SECRETARIA de Planejamento, Orçamento e Coordenação – Fundação Instituto Brasileiro de Geografia e Estatística (IBGE). *Sinopse preliminar do censo demográfico – IX recenseamento geral do Brasil – 1980*. São Paulo. Rio de Janeiro, 1981, v.1, tomo 1, n.18.

SECRETARIA de Planejamento, Orçamento e Coordenação – Fundação Instituto Brasileiro de Geografia e Estatística (IBGE). Censo demográfico – 1991 – Resultados do universo relativos às características da população e dos domicílios. São Paulo. Rio de Janeiro, 1991, n.21. pp. 1-764.

Fontes cartográficas

GOVERNO do Estado de São Paulo. Secretaria de Economia e Planejamento. Atlas da população do Estado de São Paulo. São Paulo, Fundação SEADE. Universidade de São Paulo, 1991.

GOVERNO do Estado de São Paulo. Secretaria de Planejamento e Gestão. Coordenadoria de Planejamento Regional. Instituto Geográfico e Cartográfico. Plano Cartográfico do Estado de São Paulo. São Paulo, Imprensa Oficial do Estado de São Paulo, 1990.

GOVERNO do Estado de São Paulo. Secretaria da Infra-estrutura Viária. DEER – Departamento de Estradas e Rodagem. Mapa Rodoviário do Estado de São Paulo. 1:250.000, 1992.

ÍNDICE REMISSIVO

A

Acampamentos, 5
Alojamento
    de fim de semana, 3, 4, 6, 9, 11, 13, 43, 47-49, 55, 56, 60, 61, 65, 70-72, 77, 83, 88, 89, 95
    não-particulares, 5
        turístico, 3-5, 7-11, 13, 26, 29, 34, 42, 43, 46, 47, 69, 73, 75, 80, 82, 85, 86, 89, 92, 97, 98, 101-103
Apart-hotéis, 5
Área
    de concentração de residências secundárias, 10, 30, 38, 42, 46, 55, 69, 80, 97
    de destino, 10, 11, 13, 43, 82, 95
    de montanha, 7, 13, 35, 80, 81, 84
    de preservação ambiental, 81, 92, 95
    de represas, 81
    populosa e desenvolvida, 41, 42, 95

C

Cabana, 5, 6
Casa
    de campo, 4, 6, 7, 14, 71, 72
    de praia, 4, 6, 7, 86, 91
    de temporada, 6, 7
    de veraneio, 6, 72-74, 84
    vacacionale, 6
Categoria
    forte, 22, 28, 30, 31, 33, 38, 43, 44, 51
    fraco, 22, 28, 31, 33, 38, 43, 44, 51-55, 76
    incipiente, 22, 23, 26, 28, 35, 38, 42-44, 52, 76
    médio, 22, 28, 33, 34, 43, 44, 55, 60, 98
Centros urbanos expressivos, 31, 35, 38, 73
Chácara
    de lazer, 5, 6, 7, 9, 10, 12, 92, 102, 104
    de recreio, 6
Chalé, IX, 6, 11, 71, 86, 92
Conflitos, 84, 87, 92, 103, 97
Custo da terra, 71, 88

D

Deslocamentos
    de férias, 5, 6, 7, 9, 11, 14, 55, 56, 83
    de fim de semana, 3, 4, 6, 7, 9, 11, 13, 43, 47-49, 55, 56, 60, 61, 65, 70-72, 77, 83, 88, 89, 95

Destino, 10-13, 43, 44, 53, 60, 82, 83, 88, 95
Distribuição nas zonas urbana e rural, 19, 26, 27, 89
Domicílio
  de uso ocacional, 3, 5, 6, 10, 17, 92
  ocupado, 3, 10, 17, 18, 34, 91
  permanente, 7-13, 29, 33, 34, 56, 69, 70, 72, 82, 83, 85, 88, 95
  principal, 4, 6, 7, 9, 10-14, 30, 31, 34, 38, 51-54, 56, 60, 69, 71, 75, 77, 80, 82-86, 90, 92, 97

E

Efeitos negativos, 84, 87, 90
Emissores, 42
  expressivos, 43, 46, 48
    principais, 31, 35, 38, 39, 42-49, 51, 52, 60, 61, 65, 73, 76, 77, 81, 95, 96
    secundários, 31, 35, 38, 39, 42-52, 60, 61, 65, 73, 76, 77, 81, 95, 96
  receptores, 43, 44, 45, 46, 47, 51, 56, 61, 95, 96
Especulação imobiliária, 8, 85, 86, 88, 89
Estâncias hidrominerais, 31, 34, 73, 80, 81, 83
Evolução e dinâmica, 69, 81, 82, 97
Êxodo rural, 86, 87
Expansão
  imobiliária, 8, 85, 86, 88, 89
  urbana, 7, 8, 12, 14, 19, 20, 26-28, 31, 33, 34, 38, 41, 49, 51, 70-72, 75, 76, 82-84, 87, 89, 90, 101, 102, 96

F

Fatores de localização, 10, 13, 14, 71
Férias, 3-7, 9, 11, 13, 14, 55, 56, 65, 70, 74, 82, 83, 85

H

Hinterlândias de férias, 11
Hotéis de lazer, 5, 85, 91

I

Imobiliário turístico, 74, 85
Índice de concentração de residências secundárias, XI
Interior, 46, 77, 83
    paulista, 46, 91

L

Litoral, 29, 80, 83
    paulista, 30, 73-75, 77, 86-88, 90, 96
Loteamentos, 71, 72, 74, 90, 92, 98

M

Maison de campagne, 6
Meios de hospedagem, 3, 96
Mercado imobiliário, 30, 73

O

Origem, 10-12, 41, 42, 44, 45, 48, 53, 60, 77

P

Planejamento e controle, 98
Pontos de origem da demanda, 41, 42, 48
Processo de loteamento, 8
Proliferação de residências secundárias, 23, 31, 82, 90

Q

Quociente (*Vacation Home Quocient*), XI

R

Rancho, IX, 5
Receptores, 42-56, 60, 61-65, 76, 81-83, 95-97
Redutos de residências secundárias, 23, 26, 38, 47, 60, 61, 75, 76, 80, 81
Região metropolitana de São Paulo, 29, 33-35, 38, 41, 42, 46, 47, 73, 75, 80, 83, 95
Repercussões, 5, 8, 12, 82, 84-92, 96-98
   espaciais, 82
   negativas, 8, 85
   positivas, 85
   socioculturais, 82
Residence
   secondaire, 6
   touristique, 6
Residência
   de férias, 5-7, 9, 11, 14, 55, 56, 83
   de lazer, 5-7, 9, 10, 12, 85, 91, 92, 102, 104
   permanente, 9
   principal, 9
   secundária, 3, 6-14, 20-22, 48, 56, 69, 70, 77, 82, 83, 87, 88, 91, 97

S

Second home, 6, 7, 103
Seconda, casa, 6
Segunda residência, 6, 10, 13, 75, 87, 92, 97
Segundo *hogar*, 6
Sítio, IX, 5, 6, 12, 71, 77, 92

T

Taxa de função turística, 4
Tempo-custo-distância, 13
Turismo
   de fim de semana, 3, 4, 6, 7, 9, 11, 13, 43, 47-49, 55, 56, 60, 61, 65, 70-72, 77, 83, 88, 89, 95

U

Unidades de tempo compartilhado, 5

V

Vacation home, 6, 7, 104
Vale do Paraíba Paulista, 34, 35, 38, 46, 50, 51, 80, 96

Z

Zona
   urbana, 8, 28
   rural, 5, 19, 26, 28, 87, 89

Impressão e Acabamento
Oesp Gráfica S.A (Com Filmes Fornecidos Pelo Editor)
Dept° Comercial Alameda Araguaia, 1901 - Barueri - Tamboré
Tel. 4195-1805 Fax 4195 - 1384